Stephanie Juliette Rinner

# *Tortenkunst*

## — UND —

# KEKSDESIGN

Stephanie Juliette Rinner

# _Tortenkunst_
## — UND —
## KEKSDESIGN

# INHALT

**DEKO IDEE**

Seite
52
250

**DO IT YOURSELF**

Seite
72
141
185

**BASTELTIPP**

Seite
186
211

## ALLES BEGANN MIT EINEM KEKS …

… und einem Traum: einen einfachen Keks in ein süßes Kunstwerk zu verwandeln. In Wien geboren, lernte ich schon sehr früh die feine Kunst der Zuckerbäckerei kennen und lieben. Als kleines Mädchen haben mich Mehlspeisen, Kekse, Strudel und leckere Torten in den Schaufenstern der Wiener Konditoreien in ihren Bann gezogen. Egal wie oft ich für mein Studium oder der Karriere wegen in neue Städte aufgebrochen bin, die Lieblingsrezepte meiner Kindheit haben mich stets begleitet und der geliebte Kuchenduft hat mir überall auf der Welt ein Zuhause gezaubert. Meine Lieblingsrezepte sind über die Jahre die gleichen geblieben, hier und da habe ich sie ein wenig verfeinert, die Dekoration hingegen wurde immer spektakulärer und so wurde aus Omas Lieblingsrezept des „G'sundheitskuchens" mit edlem Blattgold und Feigendekoration eine traumhafte Herbstpoesie, die zum Essen viel zu schade ist (siehe Seite 172). Mit „Tortenkunst & Keksdesign" möchte ich euch zeigen, wie mit ganz einfachen Familienrezepten und ein wenig Fantasie zauberhafte Meisterwerke gelingen.

Neben dem Ausschlecken der Teigschüssel hat ich immer fasziniert, wie beruhigend das Backen auf mich wirkt. Es war der kleine Moment, um loszulassen, alles um mich herum zu vergessen und mich in meiner Kreativität zu verwirklichen. Ich habe die Küchentür geschlossen und einfach drauflos gebacken. Ich habe meine Rezepte mit neuen Zutaten verändert, mit Texturen gespielt und das Erscheinungsbild einfach mal auf den Kopf gestellt. Warum muss es auch immer ein großer Auflauf sein? Kleine Törtchen zur Tea Time sind so viel handlicher und man kann auch viel mehr von ihnen vernaschen (siehe Seite 37). Was sich nach der hohen Kunst des Konditorhandwerks anhört, lässt sich in der Herstellung aber ganz leicht vereinfachen. In diesem Backbuch erwarten euch keine Schokoladenthermometer, komplizierten Meringue-Cremes mit erhitztem Eiweiß und sonstige aufwendigen Backabenteuer. Die liegen mir persönlich nämlich auch nicht. Wie der Titel schon verrät, backen wir uns gemeinsam vom einfachen Keks zum süßen Kunstwerk. Ich zeige euch Rezepte für simple Chocolate Cookies, detailverliebte Vintage-Cupcakes-Dekorationen oder auch eine dreistöckige Hochzeitstorte, sodass für jeden von euch das Richtige dabei ist. Wohl gemerkt alle mit wenig Aufwand und Mega-WOW-Effekt!

Wie einfach es auch wirklich für Anfänger ist, habe ich in meinen vielen Backkursen für euch getestet. In meine Münchner Backschule kommen meistens kleine und große Hobbybäcker, die mit möglichst wenig Aufwand ihre Freunde und Familie mit selbst gemachten Kreationen überra-

schen wollen. Viele der Rezepte in diesem Backbuch sind bis jetzt schon über hundert Mal getestet worden. Es gab über 5.800 Kekse mit Royal-Icing-Verzierung und über 1.200 Cupcakes mit leckeren Creme-Hauben. Alle sind Unikate, denn jeder Teilnehmer hat mit viel Liebe und Enthusiasmus sein persönliches Meisterwerk kreiert.

Wie wir alle wissen, braucht ein Kunstwerk auch eine schöne Inszenierung, damit es richtig zur Geltung kommt. Die Themenwelten sind hierfür nach Jahreszeiten und besonderen Anlässen wie Hochzeiten und Baby-Partys geordnet. So könnt ihr euch für euren besonderen Anlass inspirieren lassen und neben den Rezepten auch gleich die passende Deko raussuchen. Die Vorschläge lassen sich in Farbe und Muster variieren und an euren persönlichen Style und die Gegebenheiten der Location anpassen. Wechselt von Rosa zu Rot, von gestreift auf getupft und vieles mehr.

Lasst euch von TORTENKUNST UND KEKSDESIGN verzaubern und inspirieren und gestaltet eure ganz eigenen Kunstwerke.

Zauberhafte Grüße,
Eure *Stephanie*

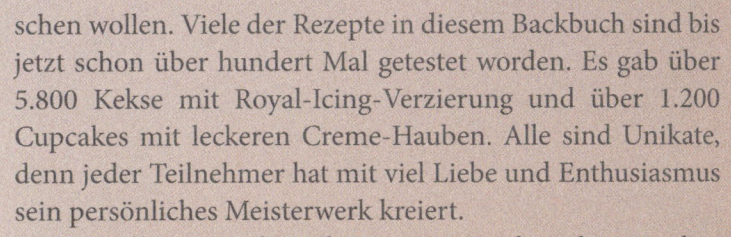

Die Natur bietet uns so viele zauberhafte Momente der Ruhe. Schon als Kind habe ich es geliebt, im Wald nach frischen Beeren zu suchen und mit Oma daraus etwas Leckeres zu zaubern. Mal im Käsekuchen, mal mit Joghurt, mal geschichtet, mal getupft. Dieses Kapitel ist all den köstlichen Beeren gewidmet, die ich noch heute genauso liebe wie damals. Von Erdbeeren über Blaubeeren bis hin zu Himbeeren und Brombeeren, gepaart mit feiner Blütendekoration.

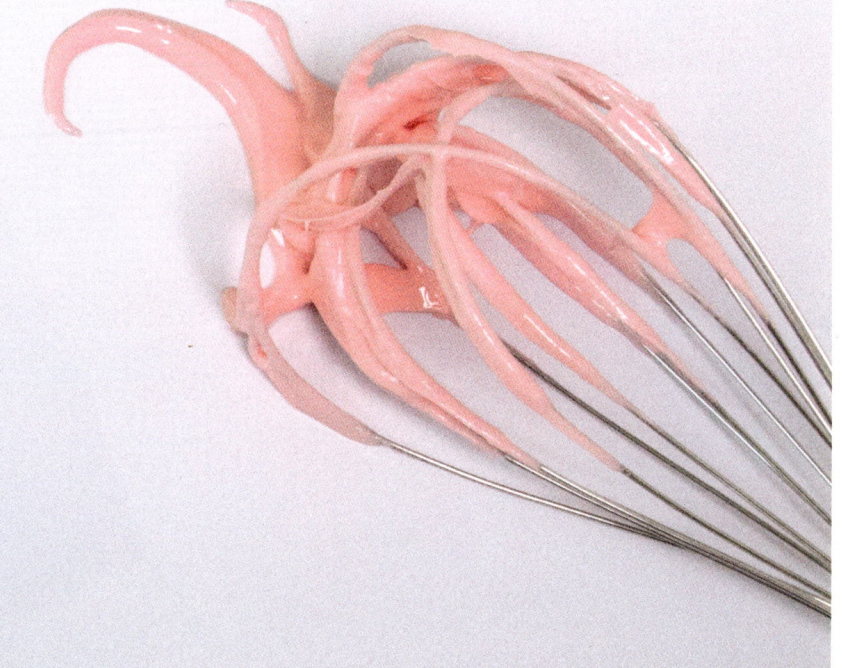

Das Leben

ist

SÜSS

# Erdbeeren im OMBRÉ-STYLE

*Man erkennt sie erst auf den zweiten Blick.
Leckere Erdbeeren im zarten Schokoladenmantel. Sie passen sich farblich jeder Dekoration an
und sind in wenigen Minuten zubereitet. Ganz wie wir es lieben, erzielen wir mit wenig Aufwand
ein WOW-Ergebnis. Am schönsten lassen sich die Erdbeeren gut gekühlt mit einem
Glas Champagner in der Sonne genießen.*

**Für die Erdbeeren:**
2 Schalen Erdbeeren
3 weiße Kuvertüre, je 200 g
Kokosfett

**Für die Dekoration:**
weiße und/oder rosafarbene
Zuckerstreusel
rosa Lebensmittelfarbe

**Außerdem:**
Topf und Schüssel für Wasserbad
Backpapier
Holzspieße oder Zahnstocher
2 Spritzbeutel
Schere
Löffel
Messer
Schneidebrett

Besonders gut eignen sich schöne große saftige Erdbeeren. Als ersten Schritt die Erdbeeren waschen und auf einem Tuch abtropfen lassen. Den Strunk bitte nicht abschneiden.

Als Nächstes die Kuvertüre klein hacken – je kleiner die Stückchen, desto schneller schmilzt die Schokolade über dem Wasserbad. Wenn die Schokolade geschmolzen ist, 1 EL Kokosfett hinzugeben. Das natürliche Pflanzenfett hat einen hohen Anteil an gesättigten Fettsäuren und macht unsere Kuvertüre schön cremig. Sollte die Kuvertüre immer noch sehr dickflüssig sein, braucht sie ein wenig mehr Kokosfett. Die Schokolade in drei Schälchen aufteilen. Einen Teil belassen wir in der hellen Farbe, einen färben wir Hellrosa, den dritten färben wir in einem kräftigeren Pink.

Die Erdbeeren nach und nach einzeln auf einen Holzspieß oder Zahnstocher stecken und in eines der Schokoladenschälchen tauchen. Die Erdbeeren zum Trocknen auf ein Blatt Backpapier legen. Ca. ⅔ der Früchte direkt mit Zuckerstreuseln bestreuen. Die restliche noch flüssige Schokolade deiner Wahl in einen Spritzbeutel füllen, vorne eine kleine Ecke abschneiden und die Schokolade in schnellen Zick-Zack-Bewegungen auf die Erdbeeren spritzen.

*Wer das Einfärben zu aufwendig findet, kann einfach fertig eingefärbte Candy Melts nehmen.
Anstelle eines Spritzbeutels lässt sich auch ein Gefrierbeutel verwenden.*

Für 1 Torte (15 cm Ø)
Arbeitszeit ca. 45 Minuten ★ Back-/Kühlzeit ca. 2 Stunden

# Naked Berry Cake
## MIT GETUPFTER MASCARPONECREME
## UND BEERENDEKORATION

**Für die Torte:**
200 g Butter, zzgl. Butter für
die Formen
200 g Zucker
5 Eier (M)
1 Bourbon-Vanilleschote
1 Prise Salz
150 g Mehl
50 g Speisestärke
½ Päckchen Backpulver
50 g Kakaopulver
1 Glas fein passierte
Beerenkonfitüre

**Für die Creme:**
200 ml Schlagsahne
1 Päckchen Sahnesteif
150 g Mascarpone
150 g Magerquark
3 EL Puderzucker
2 EL Zitronensaft

**Für die Dekoration:**
je 1 Schälchen Himbeeren
Blaubeeren, Brombeeren,
Erdbeeren

**Außerdem:**
Springform
Spritzbeutel
Lochtülle
Schüssel
Teigschaber
Buttermesser

Butter und Zucker cremig rühren, nach und nach die Eier, das Mark der Vanilleschote und Salz unterrühren. Die Masse muss eine gute Standfestigkeit haben.

Das Mehl mit Speisestärke, Backpulver und Kakao mischen, in die Schüssel sieben und vorsichtig unterheben (nicht verrühren). Die Masse zu gleichen Teilen in drei eingefettete Springformen gießen und im vorgeheizten Backofen bei ca. 160 °C 30 Minuten auf mittlerer Schiene backen. Die Tortenböden in den Backformen auskühlen lassen.

Die Früchte waschen und abtropfen lassen. Für die Creme die Sahne mit Sahnesteif steif schlagen. Den Marscarpone mit Quark, Puderzucker und Zitronensaft cremig rühren, die Sahne unterheben und die Creme in einen Spritzbeutel mit Lochtülle füllen. Die ausgekühlten Tortenböden mit Konfitüre bestreichen.

Mit dem Spritzbeutel am Rand entlang Tupfen auftragen. Die Cremetupfen jeweils bis zur Mitte weiter spritzen und dazwischen Himbeeren platzieren. Die Tortenböden aufeinandersetzen und die oberste Schicht mit einem Beerenmix dekorieren.

*Mit Ober-/Unterhitze werden die Böden saftiger.*

*Für eine größere Backform die Menge einfach verdoppeln (20 cm Durchmesser)
oder verdreifachen (26 cm Durchmesser).*

# *Cupcakes* MIT
## HEIDELBEER-FRISCHKÄSECREME

**Für die Cupcakes:**
150 g Butter
2 Eier (M)
150 g Zucker
1 Päckchen Vanillezucker
1 Prise Salz
200 g Mehl
½ TL Backpulver
¼ TL Natron
3 EL Milch

**Für die Creme:**
200 ml Sahne
2 Päckchen Sahnesteif
ca. 100 g Heidelbeeren
250 g Frischkäse
5 EL Puderzucker

**Außerdem:**
Muffinblech
Papierförmchen
Spritzbeutel
Spritztülle #104
Schere

Butter und Eier ca. 1 Stunde vor dem Backen aus dem Kühlschrank nehmen und bei Raumtemperatur lagern. Den Backofen auf 140 °C Ober-/Unterhitze vorheizen. Butter, Zucker, Vanillezucker und Salz schaumig rühren. Nach und nach die Eier einrühren. Das Mehl mit dem Backpulver und Natron in dieselbe Schüssel sieben und verrühren. Zum Schluss noch die Milch einrühren. Das Muffinblech mit Cupcakeförmchen ausstatten und den Teig entweder mithilfe von zwei Esslöffeln oder einem Spritzbeutel einfüllen, pro Förmchchen ca. 40 g. Die Cupcakes ca. 20 Minuten backen und im Blech abkühlen lassen.

Für die Creme die Sahne kurz umrühren und mit einem Päckchen Sahnesteif steif schlagen. Die Heidelbeeren mit einem Stabmixer pürieren und durch ein Sieb streichen, um Kerne zu entfernen. In einer separaten Schüssel den Frischkäse mit dem zweiten Päckchen Sahnesteif und dem Puderzucker verrühren. Sahne und Heidelbeermus nun vorsichtig unter die Frischkäsecreme heben. Die Masse in einen Spritzbeutel mit Tülle füllen und bis zum Gebrauch (15 Minuten) im Kühlschrank lagern. Für das Topping den Cupcake in die Hand nehmen und von innen nach außen in Wellen immer weiter spritzen. Den Spritzbeutel dabei leicht schräg halten.

*Die Cupcakes schon am Vortag backen,
das Topping aber erst kurz bevor die Gäste kommen aufspritzen.*

*Damit die Papierförmchen keinen Fettfilm am Boden bekommen,
den Boden im Muffinblech mit einer dünnen Schicht Reiskörner ausstreuen.
Darauf dann das Papierförmchen setzen.*

# Fruchtige
# BEERENTARTE

**Für den Teig:**
125 g kalte (!) Butter,
zzgl. Butter für die Form
25 g Puderzucker
1 Päckchen Vanillezucker
1 Ei (M)
1 Prise Salz
250 g Dinkelmehl

**Für die Creme:**
1 EL Puderzucker
1 EL Zitronensaft
400 g Schmand
30 g Zucker
1 Päckchen Vanillezucker

**Für die Dekoration:**
ca. 500 g Beerenmix
Minzeblättchen
Erdbeerkonfitüre zum Bepinseln
der Beeren (nach Belieben)

**Außerdem:**
Tarteform
Backpapier

Für den Teig Butter, Puderzucker, Vanillezucker, Ei, Salz verrühren und mit dem Mehl zu einem festen Mürbeteig verkneten. Auf einem bemehlten Blatt Backpapier den Teig zu einem Kreis von ca. 30 cm Durchmesser ausrollen und mit Hilfe des Backpapiers in die eingefettete Tarteform stürzen. Am Rand darf der Teig gerne 1 cm überstehen. Mit einer Gabel Löcher in den Boden stechen und 30 Minuten kalt stellen. Den Backofen auf ca. 160 °C Umluft vorheizen. Die Tarte auf unterer Schiene ca. 25 Minuten backen und anschließend in der Form auskühlen lassen.

Die Beeren waschen, putzen und nach Bedarf halbieren oder vierteln. In einer Schüssel mit Puderzucker und Zitronensaft kurz vermischen. Für die Creme Schmand, Zucker und Vanillezucker aufschlagen und auf dem Tarteboden verteilen. Die Beeren darauf anrichten, nach Belieben mit Erdbeerkonfitüre bepinseln und mit Minzeblättchen dekorieren. Gut gekühlt servieren.

*Für einen schönen Glanz die Früchte*
*mit Erdbeerkonfitüre bepinseln.*

Für ca. 6 Kekse mittlerer Größe
Arbeitszeit ca. 50 Minuten * Back-/Kühlzeit ca. 45 Minuten

# *Mandelblümchen* MIT
## SCHOKOLADENCREME UND HIMBEEREN

**Für der Teig:**
65 g Butter
65 g feiner Zucker
1 Ei (M)
1 Prise Salz
175 g Mehl
50 g fein gemahlene Mandeln

**Für die Creme:**
1 Päckchen Schoko-Puddingpulver
500 ml Milch
40 g Zucker

**Für die Dekoration:**
200 g Himbeeren
gehackte Pistazien
Puderzucker (nach Belieben)

**Außerdem:**
Backmatte oder Backpapier
Ausstecher oder Messer
Muffinblech
Backspray

Für den Teig Butter, Zucker, Ei und Salz verrühren. Mehl und Mandeln kurz unterheben, sodass eine gleichmäßige Teigkugel entsteht. Den Teig dann mit der Hand, der Küchenmaschine oder einem Handrührgerät kneten, je nachdem, was euch leichter fällt. Sobald sich der Teig von der Schüssel löst, ist er fertig.

Den Teig zu einem flachen Laib formen und ca. 30 Minuten kalt stellen. Zum Ausrollen eine bemehlte Backmatte oder zwei Blätter Backpapier bereitlegen. Das Teigrechteck ca. 3 mm dünn ausrollen und Blüten von je 12 cm Durchmesser ausstechen. Für die Form ein Muffinblech mit Backspray einsprühen. Die ausgestochenen Kekse nun so in die Formen legen, dass kleine Körbchen entstehen. Darauf achten, dass die Blätter nicht aneinanderstoßen, lieber noch ein zweites Blech backen. Mit einer Gabel in den Teigboden stechen, damit er nicht aufgeht. Die Kekse im vorgeheizten Backofen auf der mittleren Schiene bei ca. 150 °C Umluft 15 Minuten backen. Auf dem Backblech auskühlen lassen, dann aus dem Blech lösen.

Für die Creme das Puddingpulver laut Packungsanleitung zubereiten, die Masse auf die gebackenen Keksblüten verteilen und auskühlen lassen. Mit den Himbeeren und Pistazien dekorieren und nach Belieben mit etwas Puderzucker bestäuben.

# Johannisbeer-
# STREUSELKUCHEN

*Dieser megaleckere und schnell zubereitete Blechkuchen*
*ist der Lieblingskuchen meines Mannes. Er darf bei keinem Geburtstag fehlen.*

**Für den Teig:**
375 g Mehl
125 g Zucker
200 g Butter
1 Ei (M)
1 Fläschchen Rumaroma (2 ml)
1 TL Backpulver
1 Prise Salz

**Für den Belag:**
200 g Johannisbeerkonfitüre
350 g Mehl
200 g Zucker
1 Päckchen Vanillezucker
200 g Butter

**Außerdem:**
Backblech
Backspray

Alle Zutaten zu einem glatten Teig verkneten und ca. 1 Stunde kalt stellen. Den Backofen auf 180 °C Ober-/Unterhitze vorheizen. Den gekühlten Teig auf einem eingefetteten Backblech ausrollen und gleichmäßig mit Konfitüre bestreichen.

Für den Belag das Mehl in eine Schüssel sieben und mit Zucker und Vanillezucker vermischen. Die Butter in kleinen Würfeln dazugeben und mit den Händen alles zu Streuseln verkneten. Die Streusel auf der Konfitüre verteilen.

Den Streuselkuchen ca. 30 Minuten backen, auskühlen lassen und in gleich große Stücke schneiden.

# Rosen-Zitronen-
## TÖRTCHEN

**Für das Törtchen:**
5 Eier (M)
1 Prise Salz
140 g Zucker
200 g Butter
75 g Mehl
2 EL Speisestärke
1 TL Vanillearoma
75 g gemahlene Mandeln
Abrieb einer Bio-Zitrone

**Für die Creme:**
200 g Butter
3 EL Rosensirup
80 g Puderzucker
200 g Frischkäse
1 Bio-Zitrone
Lebensmittelgelfarbe in Rosa

**Für die Dekoration:**
1 EL getrocknete
Rosenblütenblätter

**Außerdem:**
2 Springformen
Backpapier
Kuchenmesser
Winkelpalette

Für den Teig die Eier trennen, das Eiweiß mit einer Prise Salz steif schlagen und dabei langsam den Zucker einrieseln lassen. Die Masse sollte schnittfest werden. In einer separaten Schüssel das Eigelb mit der Butter verrühren und dann unter den Eischnee heben. Das Mehl mit Stärke, Vanillearoma, Mandeln und Zitronenabrieb mischen und ebenfalls unterheben. Die Böden von zwei Springformen mit Backpapier auslegen und die Masse gleichmäßig auf beide Formen verteilen. Im vorgeheizten Backofen bei ca. 160 °C Ober/Unterhitze ca. 30 Minuten backen. Stäbchenprobe nicht vergessen. In der Backform auskühlen lassen. Dann beide Böden mit dem Kuchenmesser in der Mitte durchschneiden, um sie zu halbieren. Alternativ könnte man die Masse vierteln und gleich vier Böden backen, die dann nicht halbiert werden müssen. Die Teigböden mit Creme bestreichen.

Für die Creme die zimmerwarme Butter, Rosensirup und Puderzucker cremig rühren. Frischkäse mit Zitronensaft und Abrieb unterheben. Sobald eine cremige Masse entstanden ist, mit einem Zahnstocher rosa Lebensmittelgelfarbe hinzugeben. Die Tortenböden dünn mit Creme bestreichen, übereinander stapeln und die Torte rundherum mit der restlichen Creme einstreichen. Als Dekoration mit getrockneten Rosenblütenblättern bestreuen.

*Für eine tolle Optik kann eine der im Kapitel CREMEDEKORATIONEN auf Seite 242–243 vorgestellten Techniken verwendet werden, z. B. für ein Spachtelmuster.*

# *Mürbeteigkekse* MIT ROYAL ICING:
## HERZKEKSE

*Der Name dieser Glasur ist genauso schön wie die dahintersteckende Geschichte.
Die Bezeichnung „Royal Icing" taucht erstmals im Jahr 1840 im Zusammenhang mit der königlichen Hochzeit
von Queen Victoria und ihrem deutschen Prinzen Albert von Sachsen-Coburg und Gotha auf.
Das Fest sollte alles bisher Dagewesene in den Schatten stellen und mit einer atemberaubenden
Hochzeitstorte übertreffen. Zur damaligen Zeit war Queen Victoria nicht nur die erste Braut,
die ein weißes Brautkleid trug, sondern Zucker auch einer der teuersten Rohstoffe und daher gerade recht,
um als Luxuszutat bei diesem historischen Ereignis Verwendung zu finden.
Die prachtvolle Hochzeitstorte war über und über mit Zuckerguss, aufwendigen Blüten, filigranen Figuren,
Turteltauben und vielem mehr dekoriert. Völlig zu Recht wurde aus der einfachen
Zuckerglasur unser Royal Icing.*

**Für die Kekse:**
200 g Butter
180 g feiner Zucker
1 Prise Salz
1 Ei (M)
400 g Mehl zzgl. Mehl
zum Ausrollen

**Für das Royal Icing:**
500 g Puderzucker
2 EL Eiweißpulver
150 ml kaltes Wasser
Rosa Lebensmittelfarbe

**Außerdem:**
Keksausstecher Herz ca. 6 cm
3 Spritzbeutel
Spritzflasche
3 Lochtüllen #002
Zahnstocher
Frischhaltefolie

Die Glasur, auch Eiweißspritzglasur genannt, besteht aus Puderzucker, Eiweiß, Wasser und Lebensmittelfarbe. Um unterschiedlichste Keksdesigns zu kreieren, wird die Grundmasse in verschiedenen Konsistenzen zubereitet, die durch das Beimengen von entweder mehr oder weniger Wasser entstehen. Das Grundrezept mit weiteren Tipps findet ihr auch auf Seite 233–235.

Für den Keksteig die zimmerwarme Butter mit dem Zucker cremig rühren, Salz und Ei hinzugeben. Das Mehl so lange unterrühren, bis sich der Teig selbstständig von der Schüssel löst. Den Teig zu einem flachen Laib formen, in Frischhaltefolie wickeln und 1 Stunde kalt stellen. Inzwischen den Backofen auf 150 °C Umluft vorheizen. Auf einer Backmatte ein wenig Mehl verteilen, den Teig ca. 3 mm dick ausrollen und Herzen ausstechen. Die Kekse auf mittlerer Schiene 10–15 Minuten backen. Wenn sich der Rand goldbraun färbt, sind die Kekse fertig.

*Ein flacher Laib lässt sich nach dem Kühlen
leichter ausrollen als eine Kugel.*

Für das Royal Icing den Puderzucker und das Eiweißpulver in eine Schüssel sieben, 60 ml Wasser hinzugeben und 2 Minuten verrühren (am besten den Küchenwecker stellen). Das Ergebnis ist eine feste Glasur, die von der Konsistenz her Zahnpasta ähneln sollte. Die Masse im Verhältnis ⅓ und ⅔ in zwei kleine Schüsseln aufteilen. Den ersten ⅓-Teil in Hellrosa einfärben und davon wiederum ⅓ in einen Spritzbeutel mit Lochtülle füllen. Die restlichen ⅔ mit 1½ EL Wasser verdünnen, sodass eine flüssige, joghurtähnliche Konsistenz entsteht. Diese Glasur in eine Spritzflasche füllen. Die übrige Hälfte der weißen Glasur nochmals zweiteilen und jeweils in Pink und Grün einfärben. Beide Glasuren in einen Spritzbeutel mit Lochtülle füllen. Wenn du lange Spritzbeutel verwendest, kannst du am oberen Ende einfach einen Knoten machen, damit die Glasur nicht austrocknen oder auslaufen kann.

## HERZ

Die Kekse schmecken 6 Wochen richtig gut und halten bis zu 3 Monate. Da ein Keks ein Dauergebäck ist, wird er nicht schimmeln und lässt sich so wunderbar verschenken oder im Esszimmer auf einer Etagere dekorativ stapeln.

*Sofern die Spritzglasur nicht sofort verwendet wird, unbedingt luftdicht verschließen. Das Royal Icing mit Eiweißpulver hält ca. 2–3 Tage im Kühlschrank. Mit frischem Eiweiß bitte nur maximal 1 Tag kühl lagern. Die Kekse idealerweise über Nacht trocknen lassen.*

❶. Den Keks mit der festen rosafarbenen Glasur umranden.

❷. Mit der flüssigen rosafarbenen Glasur ausmalen. Erst am Rand entlang, dann in der Mitte. Mit einem Zahnstocher kannst du in kreisenden Bewegungen kleine Lücken füllen und Luftblasen zerstechen. Verwende ruhig ein wenig mehr Glasur, wenn die Oberfläche recht uneben ist. Den Keks 1 Stunde trocknen lassen.

❸. Mit der festen pinken Glasur drei kleine Blüten in die obere rechte Ecke malen (von innen nach außen drehen). Mit der festen grünen Glasur um die Blüten spritzen, hierfür einen Punkt aufspritzen und nach außen wegziehen. Mit der festen rosafarbenen Glasur dekorative Punkte setzen.

# *Apfelauflauf* IN
## FORM VON 6 TÖRTCHEN

**Für den Auflauf:**
1 kg Äpfel zum Backen
125 g Zucker
100 g Butter
2 Eier (M)
500 g Quark
125 g Grieß
1 Päckchen Vanille-
Puddingpulver
1 TL Backpulver
1 Prise Salz
50 ml Milch

**Für die Vanillesauce:**
1 Vanilleschote
250 ml Milch
50 g Zucker
2 Eigelb (M)
½ EL Mehl
1 EL Milch

**Außerdem:**
Springform
Backspray
2 Töpfe
runder Ausstecher

Den Backofen auf 180 °C Ober-/Unterhitze vorheizen und die Springform mit Backspray einfetten. Die Äpfel in kleine Stücke schneiden. Zucker und Butter verrühren, die Eier dazugeben und alle weiteren Zutaten unterrühren. Die Apfelstückchen unterheben und die Masse in die Springform gießen. Im heißen Ofen 40 Minuten backen (Stäbchentest).

Während des Backens die Vanillesauce vorbereiten. Hierfür die Vanilleschote auskratzen und zusammen mit Milch und Zucker unter ständigem Rühren zum Kochen bringen. Eigelb, Mehl und 1 EL Milch in einem zweiten Topf verrühren und mit der heißen Masse übergießen. Die Masse aufkochen lassen und vom Herd nehmen wenn sie eindickt. Den Auflauf in der Form auskühlen lassen und mit einem runden Ausstecher sechs Törtchen ausstechen. Die abgekühlte Sauce über die Törtchen gießen.

Dekotipp: Echte Blüten oder Beeren sehen als Deko bezaubernd aus. Hierfür die Stiele kürzen und jeweils mit Frischhaltefolie umwickeln.

*Man kann auch einfach den ganzen Kuchen servieren.*
*Kleine Törtchen schauen aber besonders entzückend aus.*

# Tea
## TIME

Der britische Afternoon Tea ist eine wunderbare Tradition,
um dem Alltag kurz zu entfliehen und einmal am Tag ganz offiziell
naschen zu dürfen. Während die Engländer auf ihre Gurkensandwiches und Scones mit
Clotted Cream schwören, genießen wir unsere
Tea Time mit süßen Törtchen und Cookies, die wir einfach
selbst zu Hause zaubern.

Wer die Tradition gerne klassisch miterleben möchte, dem kann ich
den Afternoon Tea im Claridge's Hotel wärmstens empfehlen.
Das war in der Zeit, als ich in London studierte, einer der beliebtesten Tipps,
wenn Besuch aus der Heimat kam.

Für 1 Torte (20 cm Ø)
Arbeitszeit ca. 1 Stunde ⋆ Back-/Kühlzeit ca. 2 Stunden

# *Victoria's*
# DRIPCAKE

## Für den Teig:
500 g Butter
500 g feiner Zucker
8 Eier (M)
1 Prise Salz
1 TL Vanilleextrakt
500 g Mehl
1 TL Backpulver
100 ml Milch

## Für die Füllung:
1 großes Glas Sauerkirschen
500 ml Sahne
2 Päckchen Sahnesteif
Kirschkkonfitüre

## Für die Glasur:
200 ml Sahne
400 g weiße Kuvertüre

## Für den Dripcake-Effekt:
200 g weiße Kuvertüre
blaue Lebensmittelfarbe
1 EL Kokosfett

## Außerdem:
2 Springformen
Backpapier
Löffel
Backspray

Für den Teig Butter und Zucker schaumig rühren. Ein Ei nach dem anderen einrühren, bis alle vollständig eingearbeitet sind, dann Salz und Vanilleextrakt zugeben. Das Mehl mit dem Backpulver in die Schüssel sieben, kurz verrühren und die Milch unterrühren. Den Teig in zwei mit Backspray eingesprühte und am Boden mit Backpapier ausgekleidete Springformen füllen und auf mittlerer Schiene bei 180 °C Ober-/Unterhitze ca. 30 Minuten backen. Den Stäbchentest nicht vergessen, da jeder Backofen auf die Voreinstellungen anders reagiert. Die Böden in den Backformen auskühlen lassen.

Für die Füllung die Kirschen trocknen und vierteln. Die Sahne mit Sahnesteif aufschlagen und die Kirschstücke vorsichtig unterheben. Die abgekühlten Tortenböden jeweils halbieren, begradigen und den stabilsten Teil auf eine Tortenplatte setzen. Den Tortenboden mit Konfitüre und anschließend mit der Kirsch-Sahne bestreichen, den nächsten Tortenboden daraufsetzen und bestreichen, den nächsten ebenso usw. Die Torte kühl stellen.

Für die Glasur die Kuvertüre hacken, 400 g in eine Schüssel geben. Die Sahne zum Köcheln bringen und darübergießen. Die Masse lauwarm abkühlen lassen, aufschlagen und damit die Torte einstreichen.

Für den Dripcake-Effekt die übrige gehackte Kuvertüre schmelzen, ein wenig blaue Lebensmittelfarbe und 1 EL Kokosfett hinzugeben, ca. 15 Minuten abkühlen lassen. Die Glasur am Rand entlang mit einem Löffel oder Spritzbeutel sehr dosiert über die gekühlte Torte gießen, nur gerade so viel, dass die Glasur nach unten laufen kann, aber nicht über den Teller hinaus wegfließt. Als Dekoration eignen sich frische Blumen besonders gut. Hierfür den Blumenstiel auf ca. 5 cm kürzen, zum Schutz mit Frischhaltefolie umwickeln und in die Torte stecken.

*Die Tortenböden lassen sich sehr gut mit dem Messer teilen, wenn sie am Vortag gebacken wurden.*
*Als Deckel eignet sich am besten die Unterseite des Kuchens, da diese besonders gerade ist.*

*Die Basis dieses Tortentraums bildet der englische „Victoria Sponge Cake". Allein der Name klingt schon fantastisch. Er schmeckt zart wie Biskuit, ist dabei aber fruchtig frisch. Je nach Jahreszeit lassen sich die im Rezept angegebenen Kirschen durch Früchte und echte Blüten der Saison ersetzen. Um das klassische englische Rezept meiner Tante aus Cheltenham/Gloucestershire aufzufrischen, gibt es einen tollen Dripcake-Effekt als Dekoration.*

# Mini-Fondanttörtchen
## MIT BLÜTEN

**Für die Törtchen:**

150 g Butter
150 g Zucker
2 Eier (M)
180 g Mehl
1 TL Backpulver
20 g Kakaopulver
3 EL Milch
12 Karamellbonbons mit Sahne

**Für die Ganache:**

150 g Zartbitterkuvertüre
250 g Butter
100 g Puderzucker

**Für die Dekoration:**

500 g grauer Fondant
250 g Puderzucker
1 EL Eiweißpulver
50 ml kaltes Wasser
Lebensmittelgelfarbe in Grün
und Gelb
weiße Zuckerperlen
Speisestärke

**Außerdem:**

Muffinblech
Papierförmchen
Winkelpalette
2 Spritzbeutel
1 Sterntülle #17, 1 Blättertülle #68
grünes Satinband
doppelseitiges Klebeband

Zur Vorbereitung den Backofen auf ca. 160 °C Ober-/Unterhitze vorheizen und ein Muffinblech mit schlichten Papierförmchen bestücken. Für den Teig Butter, Zucker und Eier cremig rühren, anschließend das Mehl mit Kakaopulver und Backpulver in die Schüssel sieben, 3 EL Milch zugeben und alles zu einem glatten Teig verrühren. Die einzelnen Förmchen mithilfe von zwei Esslöffeln oder einem Spritzbeutel bis zur Hälfte mit Teig füllen, den restlichen Teig verteilen. Im Teig jedes Muffins ein Karamellbonbon versenken, sodass es nicht mehr sichtbar ist. Die Muffins auf mittlerer Schiene ca. 25 Minuten backen (Stäbchentest) und im Backblech auskühlen lassen.

In der Zwischenzeit die Zartbitterkuvertüre über einem Wasserbad schmelzen. Die zimmerwarme Butter cremig rühren und den Puderzucker hinzufügen. Die geschmolzene Kuvertüre zugeben und alles zu einer cremigen Masse verrühren. Die abgekühlten Muffins aus den Papierförmchen lösen, begradigen und mit der Oberseite nach unten auf ein Kuchengitter stellen. Alle Muffins mit einer Winkelpalette oder einem Teigschaber mit der Butter-Schokoladen-Creme dünn bestreichen, 15 Minuten kühlen und eine zweite Schicht darüberstreichen. Die Muffins wieder 15 Minuten kühlen. Den Fondant auf einer mit Stärke bestäubten Backmatte ca. 2 mm dick ausrollen. Kreise mit ca. 15 cm Durchmesser ausschneiden und damit die einzelnen Muffins umhüllen. Erst das Oberteil festdrücken und dann vorsichtig die Seiten. Dabei den Fondant immer wieder leicht hochheben und glatt streichen, wenn er Blasen oder Falten wirft. Zum Schluss den Fondant am Rand sauber abschneiden. Für die Blütendekoration den Puderzucker in eine Schüssel sieben und mit Eiweißpulver und Wasser zu einer dicken Masse anrühren. Die Glasur in zwei Schüsseln füllen und nach Belieben in Gelb und Grün einfärben. Die gelbe Glasur in einen Spritzbeutel mit Sterntülle und die grüne Glasur in einen Spritzbeutel mit Blättertülle füllen. Die Törtchen nach Belieben verzieren und mit weißen Zuckerperlen garnieren. Am unteren Rand ein grünes Satinband mit doppelseitigem Klebeband befestigen.

*Um den exakten Durchmesser der Fondantdecke zu bestimmen, den Muffin mit dem Maßband von oben links nach oben rechts abmessen.*

# *Zitronen-Cupcakes* MIT
# ROSETTENVERZIERUNG

**Für die Cupcakes:**
150 g Butter
150 g Zucker
2 Eier (M)
abgeriebene Schale von
1 Bio-Zitrone
200 g Mehl
½ TL Backpulver
¼ TL Natron
3 EL Milch

**Für das Topping:**
250 g Butter
500 g Puderzucker
1 Schuss Milch
2 EL Zitronensaft
gelbe Lebensmittelfarbe
pastellgrüner Fondant

**Außerdem:**
Muffinblech
Papierförmchen
2 Spritzbeutel
Spritztülle #2D
Silikonform für Blätter

Zur Vorbereitung den Backofen auf ca. 160 °C Ober-/Unterhitze vorheizen und ein Muffinblech mit schlichten Papierförmchen bestücken. Für die Cupcakes Butter und Zucker cremig rühren und die Eier nach und nach dazugeben, verrühren und den Zitronenabrieb untermischen. Das Mehl mit Backpulver und Natron in die Schüssel sieben. Die Milch hinzufügen und alles zu einem glatten Teig verrühren. Die Förmchen mithilfe von zwei Esslöffeln oder einem Spritzbeutel jeweils bis zur Hälfte mit Teig füllen und den restlichen Teig aufteilen. Die Cupcakes auf mittlerer Schiene ca. 25 Minuten backen (Stäbchentest) und im Backblech auskühlen lassen.

Für das Topping die zimmerwarme Butter cremig rühren und die erste Hälfte des Puderzuckers unterrühren. Die Milch und den Zitronensaft hinzugeben, verrühren und anschließend die zweite Hälfte des Puderzuckers einrühren. Die Creme mit gelber Lebensmittelfarbe einfärben und in einen Spritzbeutel mit Spritztülle füllen. Die Rosetten werden von der Mitte aus nach außen hin flach aufgespritzt. Mithilfe der Silikonform aus dem pastellgrünen Fondant kleine Blätter ausstechen und damit die Blumen-Cupcakes dekorieren.

*Im nächsten Rezept verwenden wir für die Rosetten eine Puddingcreme.*
*Tauscht einfach die Rezepte ganz nach Belieben.*

# *Cookies* MIT ROSETTENVERZIERUNG

**Für die Kekse:**
130 g Butter
100 g brauner Zucker
1 Prise Salz
1 Ei (M)
250 g Dinkel-
vollkornmehl
3 EL Milch

**Für die Puddingcreme:**
500 ml Milch
1 Päckchen Vanille-
Puddingpulver
30 g Zucker
250 g kalte Butter

**Für die Dekoration:**
weiße Zuckerperlen

**Außerdem:**
runder Ausstecher
Spritzbeutel
Spritztülle #2D

Diesmal beginnen wir mit der Puddingcreme. Wie auf der Packung angegeben dafür die Milch aufkochen und das angerührte Puddingpulver hinzugeben. Die Puddingmasse direkt an der Oberfläche mit Frischhaltefolie abdecken (so entsteht keine Haut) und richtig kalt werden lassen.

In der Zwischenzeit für die Cookies Butter, Zucker, Salz und Ei verrühren. Mehl und Milch hinzugeben und zu einem glatten Teig kneten. Diesen in Frischhaltefolie wickeln und 30 Minuten kühl lagern. Anschließend den Teig ausrollen, die Cookies ausstechen und auf mittlerer Schiene bei 150 °C Umluft 10–12 Minuten backen.

Für die Creme die kalte Butter cremig weiß aufschlagen, das dauert eine Weile. Nun den Pudding in kleinen Portionen unter ständigem Rühren hinzugeben. Die Masse ist nun bereit zum Spritzen und kann in einen Spritzbeutel mit Spritztülle gefüllt werden. Die Rosetten werden von der Mitte aus nach außen hin flach gespritzt. Mit kleinen weißen Zuckerperlen erhalten die Cookies einen eleganten Touch.

# Baiser-Sahne-Traum: ETON MESS

*Der britische Klassiker schlechthin lässt sich schnell und einfach zubereiten.
Wie die Übersetzung schon verrät, handelt es sich um ein Rezept mit einem Durcheinander an Zutaten,
das der Überlieferung nach am berühmten Eton College in England erfunden wurde.*

**Für das Dessert:**
500 g Brombeeren, Himbeeren…
100 g Baiser
2 Becher saure Sahne
2 Becher Crème fraîche
1 Päckchen Vanillezucker
3 cl Sherry
1 Spritzer Zitronensaft

**Außerdem:**
5 Gläser
Tiefkühlbeutel
Nudelholz

Als Vorbereitung die Brombeeren und Himbeeren (oder auch andere Beeren) waschen, trocknen und pürieren. Die Baisers in einem Tiefkühlbeutel mit dem Nudelholz zerbröseln. Saure Sahne und Crème fraîche mit Vanillezucker und Sherry verrühren. In eleganten Gläsern anrichten und als erste Schicht die Sahnemischung, dann einen Teil der Baiserbrösel und zuletzt das Brombeerpüree einfüllen. Die Schichtung je nach Größe des Glases 2- bis 3-mal wiederholen. Als Deko Baiserbrösel obenauf setzen.

*Wer die Baisers zu süß findet, kann auf Vollkornkekse
nach dem Rezept von Seite 41 zurückgreifen.*

# Vanilla-Chai-
# SHORTBREAD

*Zur Teestunde gehört natürlich auch ein herrlich aromatischer Tee.*
*In diesem Rezept nutzen wir aromatischen Chai Tee mit schwarzem Pfeffer und Kardamom*
*für würziges Shortbread (auf Deutsch Butterplätzchen).*

**Für die Kekse:**
90 g Zucker
150 g Butter
180 g Mehl
je 1 Prise Salz, Kardamom,
Zimt, gemahlene Nelken und schwarzer Pfeffer

**Außerdem:**
Backblech
Backpapier

Zucker und Butter in einer Schüssel schön cremig rühren. In einer zweiten Schüssel das Mehl mit den Gewürzen vermischen und dann der Zucker-Butter-Mischung zugeben. Alle Zutaten zu einem glatten Teig rühren. Den Teig in zwei Hälften teilen und ca. 5 cm dicke Rollen formen. Diese in Frischhaltefolie packen und 30 Minuten im Kühlschrank lagern. In der Zwischenzeit den Backofen auf 180 °C Umluft vorheizen. Den Shortbread-Teig aus dem Kühlschrank holen, in 5–7 mm dicke Scheiben schneiden und diese auf einem mit Backpapier belegten Backblech ca. 10 Minuten backen. Die Kekse sind noch weich, wenn sie aus dem Backofen kommen. Mit einer Gabel Löcher in die frisch gebackenen Kekse stechen.

*Mit Puderzucker anstelle von Kristallzucker braucht der Teig weniger Ruhezeit im Kühlschrank.*
*Die Löcher unbedingt nach dem Backen in die Kekse stechen, da sie sich ansonsten*
*beim Backen wieder schließen würden.*

# Rosen-Fondant-POPS

**Für die Cake-Pops:**

200 g Butter
200 g Zucker
1 Päckchen Vanillezucker
1 Prise Salz
5 Eier (M)
300 g Mehl
2 TL Backpulver
2 EL Milch
1 Glas fein passierte
Aprikosenkonfitüre
20 Cake-Pop-Stiele aus Papier

**Für die Rosenblätter:**

500 g roter Fondant

**Außerdem:**

Backform
Tiefkühlbeutel
Backpinsel
Schüssel mit Wasser

Butter, Zucker, Vanillezucker und Salz schaumig rühren. Nach und nach die Eier einrühren. Das Mehl mit dem Backpulver in dieselbe Schüssel sieben, die Milch hinzugeben und verrühren. Die ausgewählte Backform einfetten und/oder mit Mehl bestäuben. Den Teig einfüllen und bei ca. 160 °C Ober-/Unterhitze ca. 45 Minuten backen. Den fertigen Kuchen in der Backform auskühlen lassen und anschließend auf ein Kuchengitter stürzen. Zur weiteren Verarbeitung muss der Kuchen gut auskühlen. Harte Stellen an den Rändern sowie an der Oberseite abschneiden. Den Kuchenteig zwischen beiden Handflächen in eine Schüssel reiben und zusätzlich mit dem Mixer oder der Küchenmaschine zerkleinern – je feiner, desto besser. Die fein passierte Konfitüre unterrühren. Es entsteht eine cremige, sehr feuchte Masse, die sich wunderbar formen lässt. Die Masse über Nacht ziehen lassen. Am nächsten Tag haselnussgroße Kugeln formen und die Stiele in die Teigkugeln schieben. Diese 30 Minuten kühlen. Hinweis: sollte der Cake-Pop-Stiel nicht stecken bleiben, diesen zuerst in flüssige Kuvertüre tauchen und dann in die Teigkugel stecken.

Inzwischen den Fondant durchkneten und daraus etwa 15 je 0,5–1 cm große Kugeln formen. Diese in einen Tiefkühlbeutel legen und mit den Fingern von außen richtig schön dünn streichen. Das geht natürlich auch mit einem Nudelholz, aber damit wird der Fondant nicht so schön dünn. Der Tiefkühlbeutel ist beschichtet, sodass keine Stärke o. ä. benötigt wird.

Blüten formen: Das erste Blatt auf die Teigkugel legen, die Oberseite etwas zusammendrücken und an der Unterseite andrücken. Nun weitere 4 Blätter überlappend anbringen. Die Seiten mit Wasser bestreichen, damit die Blätter aneinander kleben bleiben. Nun eine zweite Schicht mit 6 Blättern ankleben und die Kanten nach außen biegen. Zum Abschluss noch eine dritte Lage Blütenblätter arrangieren und hier die Kanten richtig schön umbiegen. Der Fondant muss am Stiel gut angedrückt werden. Eventuelle Überstände mit einem Messer abschneiden.

*Die Zubereitung der Cake-Pops lässt sich wunderbar auf zwei Tage aufteilen. Am ersten Tag den Kuchen backen, auskühlen lassen, fein zerbröseln und mit der Marmelade zu einer Masse verarbeiten. Am nächsten Tag Kugeln formen und dekorieren. Für den Teig die Zutaten ca. 1 Stunde vor dem Backen aus dem Kühlschrank nehmen und bei Raumtemperatur lagern. Den Backofen auf 160 °C Ober-/Unterhitze vorheizen.*

# *Vanillekekse* MIT ROYAL ICING

## KEKSDESIGN TEEKANNE,
## TASSE UND CUPCAKE

*Passend zum Titel meines Backbuchs „Tortenkunst und Keksdesign"*
*dürfen auch in diesem Kapitel keine Cookies mit Royal-Icing-Dekoration fehlen.*
*Für mich gehören neben Shortbread eben auch kleine Kunstwerke aus einfachem Mürbeteig*
*mit himmlischer Zuckerdekoration zur Tea Time.*

**Für die Kekse:**
200 g Butter
180 g feiner Zucker
1 Prise Salz
1 Ei (M)
1 Bourbon-Vanilleschote
400 g Mehl zzgl. Mehl
zum Ausrollen

**Für das Royal Icing:**
500 g Puderzucker
2 EL Eiweißpulver
150 ml kaltes Wasser
Lebensmittelfarben in
Gelb und Blau

**Außerdem:**
Keksausstecher
Kanne und Tasse
3 Spritzbeutel
3 Spritzflaschen
3 Lochtüllen #002
Schere

Für den Keksteig die Butter mit dem Zucker sowie dem Salz verrühren und das Ei sowie das Mark aus der Vanilleschote hinzugeben. Das Mehl so lange unterrühren, bis sich der Teig selbstständig von der Schüssel löst. Den Teig zu einem flachen Quader formen und in Frischhaltefolie 1 Stunde kalt stellen. Eine flache Form wie ein Quader lässt sich leichter ausrollen als eine Teigkugel. Inzwischen den Backofen auf 150 °C Umluft vorheizen. Den Teig auf einer leicht bemehlten Backmatte ca. 3 mm dick ausrollen und die Motive ausstechen. Die Kekse auf mittlerer Schiene 10–15 Minuten backen. Wenn sich der Rand goldbraun färbt, sind sie fertig.

*Je kälter der Teig ist, desto besser lassen sich die Kekse ausschneiden. Ausgefranste Kanten mit dem Finger andrücken. Den Teig nicht häufiger als zweimal wieder zusammenkneten, da durch das Mehl eine Trennschicht im Teig entsteht, die dann im gebackenen Keks unschön aussieht.*

*Bei unterschiedlichen Keksgrößen gilt als Regel, dass alle kleinen und alle großen Kekse zusammen gebacken werden, da sie verschieden lange Backzeiten erfordern und bei einer Mischung die kleinen längst verbrannt wären, bis die großen Kekse goldbraun sind.*

Für das Royal Icing den Puderzucker und das Eiweißpulver in eine Schüssel sieben, 60 ml Wasser hinzugeben und 2 Minuten verrühren (am besten den Küchenwecker stellen). Das Ergebnis ist eine feste Glasur, die von der Konsistenz her wie Zahnpasta sein sollte. Die Masse gleichmäßig auf drei kleine Schüsseln verteilen. Ein Teil bleibt weiß, ein Teil wird gelb und der dritte Teil hellblau eingefärbt. Das folgende Prozedere bei allen drei Schüsseln anwenden: ⅓ der Masse in einen Spritzbeutel mit Lochtülle füllen, die restlichen ⅔ mit 1 ½ EL Wasser verdünnen, sodass eine flüssige, joghurtähnliche Konsistenz entsteht. Diese Glasur wird in eine Spritzflasche gefüllt. Ist die Glasur zu flüssig geworden, kann sie mit Puderzucker wieder eingedickt werden. Ist sie noch zu fest, einfach kleine Mengen Wasser einrühren. Die Spritzbeutel am oberen Ende mit einem Knoten oder einer Klammer verschließen.

Als Gedächtnisstütze: Die Glasur in den Spritzbeuteln hat eine festere Konsistenz und wird für die Ränder und feinen Dekorationen verwendet. Die Glasur in den Spritzflaschen ist flüssiger und dient zum Ausfüllen der Keksflächen.

Zum Dekorieren Backpapier auf dem Tisch ausbreiten und die ausgekühlten Kekse zurechtlegen. Das vorgeschlagene Design kannst du gerne variieren und in deinen eigenen Farben gestalten. Die richtige Technik im Umgang und beim Designen mit dem Spritzbeutel wird ab Seite 236 beschrieben.

Tipps zur Lagerung und Haltbarkeit von Royal Icing findest du im Rezept für die Herzkekse auf Seite 29.

❶. Im ersten Schritt umranden wir alle Kekse mit der festen Glasur. Während du die restlichen Kekse umrandest, haben die ersten Kekse Zeit zu trocknen. Merk dir, wo du angefangen hast.

❷. Im zweiten Schritt füllen wir die Teekannen- und Tassen-Kekse mit der flüssigen Glasur aus. Zuerst am Rand entlangfahren und dann die Mitte ausmalen. Mit einem Zahnstocher kannst du kleine Lücken füllen und Luftblasen zerstechen. Nimm ruhig ein wenig mehr Glasur, wenn die Oberfläche zu uneben ist.

Nur bei den Cupcake-Keksen füllst du den Keks erst mit der flüssigen blauen Glasur komplett aus und setzt sofort danach die Punkte mit der weißen flüssigen Glasur auf. Da beide Glasuren flüssig sind, entsteht eine glatte Fläche. Alle Kekse 1 Stunde trocknen lassen. Danach die Cupcake-Haube mit der flüssigen weißen Glasur ausmalen. Wieder trocknen lassen.

❸. Die Details mit der festen Glasur aufmalen. Für die weißen Blüten werden fünf Punkte im Kreis angeordnet.

Für 1 Buchstaben  *  Arbeitszeit ca. 30 Minuten

# BLUMENBUCHSTABEN

*Zu einer wundervollen Tea Time gehört natürlich auch traumhafte Blumendeko.
Wenn man einen besonderen Anlass feiern kann, bietet es sich an, ein kleines Unikat
zu zaubern. Für die liebste Mami zum Muttertag sind die
Lieblingsblumen ein hübsches Geschenk.*

**Für die Blumenbuchstaben:**
1 Buchstabenkarton
Steckschwamm
echte Blumen deiner Wahl
Cutter
Kleber
Gartenschere
Frischhaltefolie

Durch den Buchstabenkarton haben wir auch gleich eine schöne Außenseite für unser Geschenk. Mit dem Cutter am oberen Rand entlangfahren, um die Oberseite abzuschneiden. Den Steckschaum so zurechtschneiden, dass du den ganzen Buchstaben damit füllen kannst. Dann legst du den Boden mit Frischhaltefolie aus und befeuchtest die Schwämme (bitte nur befeuchten, nicht in Wasser tränken). Die einzelnen Stücke mit Kleber am Boden befestigen. Jetzt kannst du nach Herzenslust Blumen dekorativ arrangieren, mit der Gartenschere die Stiele kürzen und in die Schwämme stecken. Ein himmlisches selbst gemachtes Geschenk mit WOW-Effekt!

*Alternativ kannst du natürlich auch mit Papierblüten arbeiten, aber frische Blumen sind einfach unschlagbar.*

# *Unser* TAG

Zu einer traumhaften Hochzeit gehört auch ein traumhafter „Sweet Table".
Was vor einigen Jahren noch vollkommen unbekannt war, ist heute der süße Hingucker
auf jeder Hochzeitsfeier. Der Sweet Table umfasst ein Dessertbuffet
samt Hochzeitstorte und vielen kleinen Leckereien, sodass für jeden Gast etwas
Passendes dabei ist. Hin und wieder gibt es eine Verwechslung mit der Candy Bar,
wobei man unter dieser eher eine liebevolle Zusammenstellung aus farblich abgestimmten
Bonbons, Zuckerl, Gummibärchen, Lutschern und anderen Süßigkeiten versteht.
Ein Sweet Table kann mit ein wenig Fantasie wunderbar
von der Mama, Freundin, Oma, Tante sowie den vielen anderen fleißigen Helfern
geplant und aus möglichst vielen hausgebackenen Köstlichkeiten zusammengestellt werden.

Die nachfolgenden Rezepte lassen sich im Nu auf das Farbkonzept der Hochzeit
abstimmen und können so individuell gestaltet werden, dass sie am Ende alle
eine persönliche Note haben – ob Pink, ob Pfirsich, ob Türkis, ob Rot.

# *Himmlische*
# KEKSTÖRTCHEN

**Für die Kekse:**
125 g Butter
125 g feiner Zucker
2 Eier (M)
1 Prise Salz
1 Vanilleschote
400 g Weizen- oder Mandelmehl
zzgl. Mehl zum Ausrollen

**Für die Dekoration:**
250 g weißen Fondant
100 g rosa Fondant
50 g grünen Fondant
Speisestärke
1 Glas fein passierte Marmelade,
z. B. Erdbeer-Champagner-
Marmelade

**Außerdem:**
Pinsel
runde Keksausstecher in
3 Größen: ca. 7 / 5 / 3 cm Ø
Backmatte
scharfes Messer

Diese herzigen Törtchen lassen sich auch in anderen Formen nach Belieben nachbauen. Eine Terrassen-Optik macht sie besonders elegant. Für den Keksteig rühren wir zuerst die zimmerwarme Butter mit dem Zucker cremig und geben die Eier, das Salz und das Mark aus der Vanilleschote dazu. Auf schneller Stufe verrühren, das Mehl ergänzen und kurz durchkneten, bis sich der Teig selbstständig von der Schüssel löst. Hier kann mit den Händen, dem Handrührgerät oder der Küchenmaschine (Flachrührer) geknetet werden. Den Keksteig zu einem flachen Quader formen, in Frischhaltefolie einpacken und für 1–2 Stunden im Kühlschrank ruhen lassen. Die Zwischenzeit können wir nutzen, um die Fondantdekoration vorzubereiten. Mit den gleichen runden Ausstechern wie für die Kekse stechen wir nun jeweils 5 große, mittlere und kleine Kreise aus dem möglichst dünn gerollten weißen Fondant aus. Am leichtesten lässt sich Fondant auf einer mit Stärke bestreute Backmatte ausrollen. Aus dem grünen Fondant ca. 50 etwa 5 mm große Kugeln formen, dann diese platt drücken und an einer Seite zu einem Blatt formen. Den rosa Fondant in lange, 2 cm breite Streifen ausrollen, gerne hauchdünn, da wir diese jetzt zur Hälfte falten, um eine schöne Oberkante zu erhalten. Schneide daraus nun 30 ca. 6–8 cm lange Streifen und rolle jeden wie ein Schneckenhaus von einer Seite zur anderen auf, um wunderschöne Röschen zu kreieren. Mit einem scharfen Messer kannst du diese nach Belieben kürzen oder schräg anschneiden. Hast du schon den Backofen vorgeheizt?

Den Keksteig aus dem Kühlschrank holen und auf einer bemehlten Arbeitsfläche oder Backmatte ca. 2 mm dick ausrollen. Wir benötigen je zehn große, mittlere und kleine Kreise, die dann 10–15 Minuten bei 150 °C Umluft auf mittlerer Schiene gebacken werden. Kurz auskühlen lassen und in der Zwischenzeit die Marmelade gut durchrühren. Wie bei Linzer Keksen wird jetzt jeweils ein Keks mit Marmelade bestrichen, ein Doppelgänger daraufgelegt, die Oberseite der Kekse leicht mit kaltem Wasser bepinselt und der passende Fondantkreis aufgeklebt. So gestaltest du alle Kekse. Zum Schluss setzt du je einen großen, einen mittleren und einen kleinen Doppelkeks aufeinander und befestigst sie mit etwas Marmelade. Da Fondant auf Fondant mit Wasser klebt, kannst du jetzt nach Belieben die Blümchen und Blätter arrangieren und befestigen.

Zum Ausstechen eignen sich
auch andere Terrassenausstecher,
z. B. gewellte Ringe oder verschieden
große Wasser- oder Weingläser.

Fondantreste zum Schutz vor dem
Austrocknen in einem
Tiefkühlbeutel luftdicht verpacken.

*Die kleinen Kuchenhappen am Stil sind
für eine elegante Hochzeit genau das Richtige, da sie nicht
kleckern oder tropfen können. Um es den Gästen so
angenehm wie möglich zu machen, sollten die Cake-Pops eine
mundgerechte Größe haben, damit sie mit einem Happs vernascht sind.
Und mit einer Schleife sehen sie gleich wie ein
süßer Gruß aus der Küche aus.*

# Cake-Pops
## MIT SCHLEIFEN

**Für die Cake-Pops:**
110 g Butter
2 Eier (M)
90 g Zucker
1 Prise Salz
125 g Mehl
2 TL Backpulver
1 Päckchen Vanillepudding
2 EL Milch
200–250 g Frischkäse

**Für die Dekoration:**
rosa Candy Melts
1 EL Kokosfett
weiße Zuckerperlen

**Außerdem:**
Kastenform
15 Cake-Pop-Stiele aus Papier
Spritzbeutel
Schere

Als Basis für die Cake-Pops benötigen wir einen einfachen Rührteig, den wir z. B. in einer Kastenform backen. Für den Teig Butter und Eier ca. 1 Stunde vor dem Backen aus dem Kühlschrank nehmen und bei Raumtemperatur lagern. Den Backofen auf 180 °C Umluft vorheizen. Butter, Zucker und Salz schaumig rühren und die Eier dazugeben. Das Mehl in einer zweiten Schüssel mit dem Backpulver und dem Vanillepudding-Pulver mischen und in kleinen Mengen unter die Butter-Zucker-Mischung rühren. Am Ende die Milch hinzugeben und verrühren, bis ein glatter Teig entsteht. Die Kastenform einfetten, den Teig einfüllen und bei ca. 180 °C Ober-/Unterhitze ca. 50 Minuten backen (Stäbchentest). Den fertigen Kuchen in der Backform auskühlen lassen und anschließend auf ein Kuchengitter stürzen. Zur weiteren Verarbeitung muss der Kuchen gut ausgekühlt sein. Harte Stellen an den Rändern sowie an der Oberseite abschneiden und vorab vernaschen. Den Kuchenteig zwischen beiden Handflächen in eine Schüssel reiben und zusätzlich mit dem Mixer oder der Küchenmaschine zerkleinern – je feiner, desto besser. Nach und nach Frischkäse zugeben, bis ein richtig saftiger Teig entsteht. Die Masse ca. 20 Minuten kühlen. In der Zwischenzeit die Candy Melts in der Mikrowelle oder über einem Wasserbad schmelzen und das Kokosfett einrühren, damit die Glasur geschmeidiger wird. Den Teig aus der Kühlung holen und ca. 15 mundgerechte Kugeln, nicht größer als 3 cm, formen. Jeweils einen Cake-Pop-Stiel in die Glasur tauchen und bis zu ⅔ in den Cake-Pop stecken. Die Kugel mit dem Stiel noch einmal 10 Minuten kühlen, damit die Glasur erstarrt und der Stiel nicht verrutscht. Dann die Kugel bis zum Stielansatz in die Glasur tauchen, abtropfen lassen, über einer Schüssel mit Zuckerperlen bestreuen und auf ein Blatt Backpapier stellen (upsidedown, also Stiel oben). Nach ca. 30 Minuten sind die Cake-Pops getrocknet. Die restliche Glasur in einen Spritzbeutel füllen, die Spitze abschneiden und in Zick-Zack-Bewegungen Streifen auf die Cake-Pops malen. Mit weißen Zuckerperlen bestreuen.

*Beim Befestigen der Stiele gibt es einen tollen Trick. Um die Einstecktiefe zu sehen, den ersten Stiel komplett durch eine Kugel schieben, das Ende am Stiel markieren und die folgenden Stiele 1 cm weniger tief in die Kugel drücken. Damit sich die Teigkugel nicht verformt, mit der Hand eine Mulde formen.*

# ELEGANTE *Hochzeitstorte*
# MIT BLÜTENTRAUM

*Ein Traum in Weiß für den schönsten Tag im Leben.*
*Damit die schönste Tortenkunst zu diesem ganz besonderen Fest*
*kein Tortendilemma wird, habe ich ein schlichtes fruchtiges Rezept gewählt,*
*das aber zu einer Hochzeitstorte führt, die allein durch ihre Blütenpracht alle*
*Blicke auf sich zieht und neben der wunderschönen Braut der Star des Tages ist.*

**Für die Tortenböden:**
9 Eier (M)
9 EL heißes Wasser
300 g Zucker
3 Päckchen Vanillezucker
150 g Mehl
225 g Speisestärke
1 ½ TL Backpulver

**Für die Buttercreme:**
4 Päckchen Vanille-Puddingpulver
1,6 l Milch
8 EL Zucker
1 kg Butter
200 g Puderzucker
500 g Erdbeeren

**Für die Dekoration:**
2,5 kg weißer Fondant
100 g silberne Perlen
Speisestärke

**Außerdem:**
Springformen
3 Tortenpappen in den Maßen
der Springformen
Backspray

Für die Biskuitböden den Backofen auf 180 °C Ober-/Unterhitze vorheizen. Je nachdem, wie groß die Schüssel deiner Küchenmaschine ist, musst du den Teig vielleicht auf zweimal vorbereiten. Die Eier schaumig schlagen und unter fortwährendem Rühren zuerst das heiße Wasser zugeben, dann den Zucker und Vanillzucker. Die Masse muss so lange geschlagen werden, bis sie sich gelb-weißlich färbt. Die trockenen Zutaten wie Mehl, Stärke und Backpulver vermischen und in die Masse sieben. Vorsichtig mit einem Teigschaber unterheben. Die Böden der drei Springformen mit Backpapier bespannen und die Seiten mit einem Backspray einsprühen. Die Masse so auf alle drei Springformen aufteilen, dass alle gleich hoch gefüllt sind. Ungefähr 30 Minuten auf mittlerer Schiene backen (zuerst die beiden kleinen Formen, dann die große Springform).

Da wir die Hochzeitstorte mit Fondant verkleiden wollen, kommen wir um die Buttercreme nicht herum. Dieses Rezept mit Pudding ist leichter und schmeckt besser als die amerikanische Version. Als fruchtige Überraschung verstecken wir Erdbeeren in der Creme. Für die Buttercreme wird zuerst aus Puddingpulver, Milch und Zucker ein Pudding hergestellt, wie auf der Packung beschrieben (siehe auch Seite 225). Diesen abkühlen lassen und zuvor dicht an der Oberfläche mit Frischhaltefolie abdecken, damit keine Haut entsteht. Die zimmerwarme Butter mit dem Puderzucker ca. 8 Minuten hellcremig aufschlagen. Die Erdbeeren in der Zwischenzeit waschen und in dünne Scheiben schneiden. Wenn auch der Pudding Zimmertemperatur hat, diesen nach und nach unter die aufgeschlagene Butter rühren und so lange weiterrühren, bis eine schöne Creme entsteht. Die ausgekühlten Tortenböden an der Oberseite begradigen und waagerecht halbieren. Vorsicht: Die Biskuitböden sind leicht und zart.

3 Blätter Backpapier
9 Strohhalme
Fondantglätter
Blütenform
ca. 2,5 m weißes Satinband
Klebepunkte
feiner Pinsel

Die Erdbeeren waschen und in dünne Scheiben schneiden. Jeweils die drei unteren Bodenhälften der drei Größen mit einem Tupfen Buttercreme auf die Tortenpappen kleben, an der Oberseite dünn mit Buttercreme bestreichen und die Erdbeerscheiben darauf verteilen. Darüber erneut eine Schicht Buttercreme streichen. Auf diese die jeweils zweiten Hälften der Tortenböden legen, leicht andrücken und rundherum mit einer dünnen Krümelschicht einstreichen, in der die Creme die Kuchenkrümel bindet. Bei den anderen beiden Tortenböden wiederholen und alle Böden 30 Minuten kühlen. Dann die restliche Buttercreme auf alle drei Torten aufteilen, glatt streichen und erneut für 30 Minuten kalt stellen. Das richtige Einstreichen könnt ihr auf Seite 241 nachlesen. Zum Stabilisieren jeweils 3 Strohhalme in die einzelnen Tortenböden stecken und abschneiden.

Den Fondant durchkneten und für die große Torte etwa 1 kg ca. 4 mm dick auf einer mit Speisestärke bestreuten Backmatte ausrollen. Über die Torte legen und mit einem Fondantglätter andrücken und glatt streichen. Erst die Oberseite, dann die Ränder. Die genaue Technik kannst du auf Seite 245 nachlesen. Bei den anderen beiden Torten wiederholen. Für die mittlere Torte brauchst du ca. 750 g, für die kleine ca. 500 g weißen Fondant. Die drei Torten vorsichtig stapeln und die Satinbänder anbringen. Aus dem übrig gebliebenen Fondant beliebig viele Blüten ausstechen. Die Mitte der Blüten mit etwas Wasser befeuchten und die Perlen eindrücken. Da Fondant auf Fondant klebt, können die Blüten mit etwas Wasser an beliebigen Stellen der Torten festgeklebt werden. Bitte den Pinsel nur leicht anfeuchten. Ansonsten kann auch mit einem Lebensmittelkleber gearbeitet werden.

*Die Torte kann wunderbar auch schon 1–2 Tage vor der Hochzeit vorbereitet werden.*
*Da Fondant Wasser anzieht, die Torte an einem kühlen Ort, aber lieber nicht im Kühlschrank lagern.*

# Vintage

## CUPCAKES

**Für die Cupcakes:**
150 g Butter
2 Eier (M)
150 g Zucker
1 Päckchen Vanillezucker
1 Prise Salz
200 g Mehl
½ TL Backpulver
¼ TL Natron
3 EL Milch

**Für das Topping:**
125 g Butter
125 g Puderzucker
2 TL Vanilleessenz

**Für die Dekoration:**
250 g weißer/rosa/grauer
Fondant
weiße Zuckerperlen

**Außerdem:**
Muffinblech
Papierförmchen
Spritzbeutel
Pinsel
Lineal
Spitzendeckchen
Silikonform für Perlenkette
Ausstecher und Silikonform
für Narzissen

Butter und Eier ca. 1 Stunde vor dem Backen aus dem Kühlschrank nehmen und bei Raumtemperatur lagern. Den Backofen auf 140 °C Ober-/Unterhitze vorheizen. Butter, Zucker, Vanillezucker und Salz schaumig rühren. Nach und nach die Eier einrühren. Das Mehl mit dem Backpulver und dem Natron in dieselbe Schüssel sieben und verrühren. Zum Schluss noch die Milch einrühren. Das Muffinblech mit Cupcakeförmchen ausstatten und den Teig entweder mithilfe von zwei Esslöffeln oder einem Spritzbeutel einfüllen. Mit dem Spritzbeutel können die Förmchen ganz akkurat und so gefüllt werden, dass keine Teigflecken entstehen, die unschön anbrennen können. Die Cupcakes ca. 20 Minuten backen und im Muffinblech abkühlen lassen.

Damit die Fondantdekoration gut auf dem Cupcake hält, bereiten wir eine kleine Menge Buttercreme vor. Dafür die zimmerwarme Butter cremig weiß schlagen und den Puderzucker und die Vanilleessenz unterrühren. Die Masse in einer kleinen Schüssel bereitstellen, um sie mit einem Teelöffel oder Messer auf den ausgekühlten Cupcakes als kleine Kuppelform aufzubringen (ca. 5 mm vom Rand entfernt). Für eine einfache Dekoration den Fondant dünn ausrollen, mit einer runden Form (ca. 7 cm Durchmesser) ausstechen und auf die Buttercreme legen. Mit den Fingern vorsichtig andrücken. Im Idealfall stimmt die Höhe der Creme-Kuppel mit der Größe des Fondants so überein, dass er am Papierförmchen abschließt. Ist dies nicht der Fall, muss der Ausstecher kleiner oder größer sein. Hier geht auch gut ein Wasser- oder Weinglas. Für die dargestellten Designs kannst du die Farben ganz nach deinen eigenen Vorstellungen variieren.

## ANLEITUNGEN FÜR CUPCAKE-DESIGNS

**❶**. ROSEN: Hierfür benötigen wird acht kleine Fondantkugeln, einen kleinen Kegel aus Fondant und einen Gefrierbeutel. In diesem drückst du alle Kugeln flach und dünnst die oberen Kanten aus. Du fängst damit an, das kleinste Blatt komplett um den Kegel zu legen. Dann wird das erste Blatt angelegt und alle weiteren folgen überlappend, sprich sieben Blätter, die ineinander gelegt sind. Die Enden befeuchten und die Rose kürzen. Die einzelnen Blütenblätter leicht nach außen biegen, so, wie sie bei einer richtigen Rose aussehen. Rund um die Rose weiße Perlen (kleine Fondantkugeln) mit etwas Wasser ankleben.

**❷**. NARZISSEN: Passend zur Hochzeitstorte kann auch der Cupcake als Blütentraum auftreten. Hierfür die Narzissenblüten ausstechen, die Mitte mit einem Pinsel leicht anfeuchten und silberne Zuckerperlen aufdrücken. Dann die Blüten direkt auf der Buttercreme arrangieren.

**❸**. SPITZE: Hierfür benötigen wir ein zauberhaftes Vintage-Spitzendeckchen mit traumhaftem Muster. Du legst dieses auf den ausgerollten Fondant und drückst es mit einem Nudelholz in die Masse. Jetzt erst wird die schönste Stelle mit einem runden Ausstecher oder einem Glas in der Größe des Cupcakes ausgestochen und auf die Buttercreme geklebt. Nach Belieben mit Zuckerperlen dekorieren.

**❹**. SCHLEIFE: Schneide aus dem ca. 2 mm dick ausgerollten Fondant einen 20 cm langen und 1 cm breiten Streifen. Einen Teil von diesem Stück klebst du mit etwas Wasser quer über den Cupcake. Das restliche Stück legst du mittig an und biegst die äußeren Ränder zu Mitte hin für die Schleifenbögen. Für die nach unten hängenden Bänder zwei 5 cm lange Streifen abschneiden und die Enden abschrägen. Zum Schluss noch ein kleines Stück über die Mitte legen. Alle Einzelteile mit einem befeuchteten Pinsel ankleben.

*Damit die Papierförmchen am Boden keinen Fettfilm bekommen,
zuerst eine dünne Schicht Reiskörner in die Vertiefungen des Muffinblechs geben
und auf diese dann das Papierförmchen setzen.*

*Mit einer Sahnecreme würde der Fondant Wasser ziehen und sich auflösen.
Daher lieber auf Marmelade anstelle von Buttercreme zurückgreifen, aber
so ein bisschen gehört die Buttercreme einfach zu Cupcakes.*

# *Vanillekekse* MIT ROYAL ICING
## BRAUTKLEIDER, BLÜTENMUSTER
## UND SCHMETTERLINGE

**Für das Royal Icing:**
500 g Puderzucker
2 EL Eiweißpulver
150 ml kaltes Wasser

**Außerdem:**
Keksausstecher Kleid, Ornament
und Schmetterling
Lebensmittelgelfarbe in Pink
3 Spritzbeutel
1 Spritzflasche
3 Lochtüllen 1 mm Ø
Pinsel
Zahnstocher

Ein absoluter Trend bei Hochzeiten sind Kekse als Gastgeschenke. Diese können passend zum Hochzeitsthema, zu den Hobbys des Brautpaares oder zur Wedding Location gestaltet werden. Personalisierte Kekse sind ein beliebtes Giveaway und zugleich ein stilvolles Namensschild beim Wedding Dinner.

Für den Keksteig und das Royal Icing kannst du das Tea-Time-Rezept der Vanillekekse auf Seite 49 vorbereiten. Mit dieser Menge bekommst du von jeder der 3 Keksformen 5 Stück oder ca. 15 Stück von einer Form, das heißt, von den kleinen Schmetterlingen natürlich ein paar mehr.

Für das Royal Icing den Puderzucker und das Eiweißpulver in eine Schüssel sieben, 60 ml Wasser hinzugeben und 2 Minuten verrühren (am besten den Küchenwecker stellen). Das Ergebnis ist eine feste Glasur, die von der Konsistenz her wie Zahnpasta sein sollte. Ein Drittel der Masse auf zwei kleine Schüsseln aufteilen, jeweils in zartrosa und leuchtend pink einfärben und in zwei Spritzbeutel mit Lochtülle füllen. Von der weißen Glasur ⅓ in einen Spritzbeutel mit Lochtülle füllen und die restlichen ⅔ mit 2 EL Wasser verdünnen, sodass eine flüssige, joghurtähnliche Konsistenz entsteht. In eine Spritzflasche füllen.

## BRAUTKLEID

Mit der festen weißen Glasur eine Zickzacklinie an den Saum malen. Die Spitzen direkt mit einem feuchten Pinsel ausmalen, damit ein Muster entsteht. Nacheinander mehrere Reihen aufmalen.

Den übrigen Keks nach Vorlage mit der festen weißen Glasur umranden und mit der flüssigen weißen ausmalen. Erst am Rand entlang und dann die Mitte ausfüllen. Kleine Luftlöcher mit dem Zahnstocher zerstechen.

Den Keks 1 Stunde trocknen lassen und dann die Details aufmalen.

## BLÜTENMUSTER

Den Keks mit der festeren Glasur weiß umranden, mit der flüssigeren weiß ausmalen und über Nacht trocknen lassen.

Mit Pink ein Blütenblatt aufmalen und wie beim Brautkleid mit einem feuchten Pinsel die Zacken ausstreichen. Erst wenn diese Reihe angetrocknet ist, eine weitere Reihe im Inneren aufmalen.

Die Lücken mit drei Punkten dekorieren.

Zum Dekorieren der Kekse Backpapier auf dem Tisch ausbreiten und die ausgekühlten Kekse zurechtlegen. Die richtige Technik im Umgang und beim Designen mit dem Spritzbeutel wird ab Seite 236 beschrieben. Der Zeitaufwand für das Dekorieren eines Kekses beträgt ca. 10 Minuten und zum völligen Durchtrocknen braucht er 12 Stunden. Wenn ihr gleich mehrere Kekse dekoriert, könnt ihr wunderbar nacheinander bei jedem Keks die Schritt-für-Schritt-Anleitungen zu den Bildern ausführen und ohne Pause fortfahren, weil der erste Keks inzwischen trocknen konnte, bis ihr mit dem letzten fertig seid.

*Sofern die Spritzglasur nicht sofort verwendet wird, unbedingt luftdicht verschließen. Das Royal Icing mit Eiweißpulver hält ca. 2–3 Tage im Kühlschrank. Mit frischem Eiweiß bitte nur maximal 1 Tag kühl lagern. Die Kekse idealerweise über Nacht trocknen lassen. Die Kekse schmecken 6 Wochen richtig gut und halten bis zu 3 Monate. Da ein Keks ein Dauergebäck ist, wird er nicht schimmeln und lässt sich deshalb wunderbar verschenken oder im Esszimmer auf einer Etagere dekorativ stapeln.*

## SCHMETTERLING

Den Keks mit der festeren weißen Glasur umranden.

Mit der flüssigen weißen Glasur den Keks ausmalen. Eine Stunde trocknen lassen.

Mit der festen weißen oder pinken Glasur ein hübsches Muster auf die Flügel malen.

Für ca. 30 Rosen
Arbeitszeit ca. 30 Minuten  ⁕  Trockenzeit 12 Stunden

# Zuckerrosen
## DIY

---

*Eine süße Dekoration für Kekse,*
*Torten oder Cupcakes.*

**Für das Royal Icing:**
250 g Puderzucker
1 EL Eiweißpulver
3 EL kaltes Wasser
Lebensmittelgelfarbe in Rosa

**Außerdem:**
2 x 2 cm große Backpapierschnipse
Blütennagel (oder Blumennagel)
Blütentülle #104
Spritzbeutel

Die Herstellung der kleinen Zuckerrosen ist bei Weitem nicht so aufwendig, wie es auf den ersten Blick scheinen mag. An sich ist es die Trocknung der Rosen, die recht viel Zeit in Anspruch nimmt. Wir beginnen, indem wir den Puderzucker in eine Schüssel sieben, Eiweißpulver und Wasser hinzugeben. Lieber mit etwas weniger Wasser anfangen und nach und nach mehr hinzugeben. Die Masse einfärben. Im Vergleich zu den anderen Royal-Icing-Rezepten in diesem Buch benötigen wir hier eine richtig feste Konsistenz, um die einzelnen Blütenblätter formen zu können. Über die richtige Handhabung des Spritzbeutels kannst du ab Seite 236 nachlesen.

## Anleitung

❶ Auf den Blütennagel einen Tupfer Zuckerguss auftragen und ein Stück Backpapier festkleben.

❷ Die Tülle mit der Spitze nach oben mittig ansetzen. Den Blütennagel mit den Fingern der linken Hand gleichmäßig drehen und dabei mit dem Spritzbeutel kleine Schneckenhäuser aufspritzen.

❸ Je nachdem in welchem Winkel du den Spritzbeutel hälst, können Größe und Form der Blüten variieren.

❹ Das Backpapier vorsichtig vom Blütennagel ziehen, zur Seite legen und die Rose trocknen lassen.

*Wird die Masse mit frischem Eiweiß hergestellt,*
*bitte 1 EL Wasser weniger zugeben.*

# *Himmlische*
# BISKUITROLLE

*Bei einer Hochzeit gilt es, möglichst den Geschmack aller Gäste zu treffen.*
*Damit neben der Hochzeitstorte und den Kekstörtchen auch etwas für die Liebhaber von*
*fruchtig-leichtem Sahnegenuss zur Auswahl steht, gibt es nun unser österreichisches Familienrezept*
*für eine Biskuitroulade. Traditionell mit Aprikosenmarmelade, aber für diesen schönen*
*sommerlichen Anlass mit einer leichten Erdbeercreme.*

**Für den Biskuit:**
4 Eier (M)
3 EL kaltes Wasser
60 g Zucker
80 g Mehl
½ TL Backpulver
1 Prise Salz
40 g Speisestärke
Puderzucker zum Bestreuen

**Für die Füllung:**
500 g Erdbeeren
500 ml Sahne
3 Päckchen Sahnesteif
30 g Puderzucker

**Außerdem:**
2 frische Geschirrtücher
Backblech
Backpapier

Zur Vorbereitung die Erdbeeren waschen, vom Strunk befreien, vierteln und trocknen lassen. Fünf kleine Erdbeeren für die Dekoration auf die Seite legen. Für den Buiskuitteig die Eier trennen. Das Eiweiß zu festem Eischnee schlagen. Das Eigelb mit Wasser aufschlagen und den Zucker langsam einrieseln lassen. Es soll ein dicker Schaum entstehen. Hierzu das Mehl zusammen mit Backpulver, Salz und Stärke sieben und vorsichtig mit dem Eischaum vermengen. In diese Masse nach und nach den Eischnee geben und unterheben. Die luftige Masse auf ein mit Backpapier ausgelegtes Backblech streichen und bei 200 °C Ober-/Unterhitze im vorgeheizten Backofen ca. 10 Minuten goldgelb backen. Nach dem Backen den heißen Buiskuit mit dem Backpapier vom Blech auf ein frisches Geschirrtuch stürzen und das Backpapier von der anderen Seite ablösen. Den Biskuitboden rasch einrollen und auskühlen lassen.

In der Zwischenzeit die Sahne steif schlagen, Sahnesteif und Puderzucker unterrühren. Die Biskuitrolle auf einem frischen Geschirrtuch aufrollen und ca. ⅔ der Sahne auf den Biskuitboden streichen und darauf die Erdbeerstückchen verteilen. Am Ende der Roulade ca. 10 cm frei lassen und mithilfe des Küchentuchs fest aufrollen. Die fertige Biskuitrolle mit Puderzucker bestreuen und anrichten.

Ob für eine Baby Shower Party, zur Taufe oder Babys ersten Geburtstag.
Die herzigen Rezepte in diesem „Hello Baby!"-Special eignen sich für die verschiedensten
Anlässe, um das süßeste Wunder des Lebens zu feiern. Bei der Farbgestaltung
dürft ihr euch in allen Nuancen und Farbpaletten austoben. Wenn es sich um Kekse
und Kuchen für eine Baby Shower Party handelt und das Geschlecht des Babys
noch nicht bekannt ist, sind neutrale Farben wie Gelb, Grün oder Violett
die beste Wahl beim Dekorieren.

# Hello
## BABY

Für 1 Torte (16–20 cm Ø)
Arbeitszeit ca. 30 Minuten  *  Back-/Kühlzeit 3 Stunden

# *Biskuittorte*
# ERDBEERTRAUM

*Beim ersten Biss in diesen Tortentraum glaubt man in eine Wolke zu beißen.*
*Die Biskuitböden sind himmlisch zart und passen perfekt zur fruchtigen Erdbeer-Sahne-Creme.*

**Für die Torte:**
6 Eier (M)
6 EL heißes Wasser
200 g Zucker
100 g Mehl
150 g Speisestärke
1 TL Backpulver
1 Päckchen Vanillezucker

**Für die Erdbeerfüllung:**
500 g Erdbeeren
1 Zitrone
200 g Zucker
6 Blatt Gelatine
400 ml Sahne

**Für die Dekoration:**
500 ml Sahne
2 Päckchen Sahnesteif
Zuckerstreusel
Herzen und Perlen
rosa Lebensmittelfarbe

**Außerdem:**
Springform
Drehplatte
4 Spritzbeutel
Sterntülle
Tortenkarte
Backspray
Schere

Da die Creme am längsten braucht, fangen wir mit dieser an. Die Erdbeeren waschen und halbieren. Die Zitrone auspressen. Erdbeeren mit Zitronensaft und Zucker pürieren. Die eingeweichte Gelatine im Topf erwärmen und verrühren, bis sie vollständig aufgelöst ist. Von den pürierten Erdbeeren zuerst 3 EL in den Topf mit der Gelatine geben und mit Schneebesen gut verrühren. Anschließend die Gelatine dem restlichen Püree unterrühren. Es dürfen keine Klümpchen entstehen. Die Masse in den Kühlschrank stellen und warten, bis sie geliert. Die Sahne steif schlagen und unter die gelierte Masse heben. Die Creme im Kühlschrank lagern.

Für die Biskuitböden den Backofen auf 180 °C Ober-/Unterhitze vorheizen. Die Eier schaumig schlagen und während dem Rühren zuerst das heiße Wasser zugeben und dann den Zucker. Die Masse muss so lange geschlagen werden, bis sie sich gelb-weißlich färbt. Die trockenen Zutaten wie Mehl, Stärke und Backpulver vermischen und in die Masse sieben. Vorsichtig mit einem Teigschaber unterheben. Die Böden der beiden Springformen mit Backpapier bespannen und die Seiten mit einem Backspray einsprühen. Die Masse gleichmäßig aufteilen und ca. 30 Minuten auf mittlerer Schiene backen. Die Böden in der Form auskühlen lassen. Die Springform entfernen, die Böden falls nötig begradigen und mittig halbieren. Vorsicht: Die Biskuitböden sind leicht und zart. Den ersten Tortenboden auf eine Drehplatte legen und dick mit Creme bestreichen, dann nacheinander die nächsten beiden auflegen, bestreichen und zum Schluss den Deckel obenauf setzen.

Für das Außendesign der Torte die Sahne mit Sahnesteif steif schlagen und auf drei Schüsseln verteilen. Eine Schüssel hell lassen und die beiden anderen in Hellrosa und Pink einfärben. Weiß und Hellrosa und die Hälfte von Pink in einen Spritzbeutel füllen und vorne ca. 1 cm abschneiden. Die restliche Pink-Sahne in einen Spritzbeutel mit Sterntülle füllen. Alle Seiten rundum und den Deckel der Torte beliebig mit den drei Farben bespritzen. Mit einer Tortenkarte zuerst die Oberseite glatt streichen, dann den Rand der Torte und dabei immer weiterdrehen.

Besonders toll passt hier
auch ein Cake-Topper!

Nicht zu viel streichen,
weil sonst die tollen Farben verrührt werden
und der ganze Farbeffekt verloren geht.
Die Überschüsse an der oberen Kante nach innen
verstreichen. Den unteren Rand der
Torte sauber abwischen. Mit der restlichen
rosa Sahnecreme am oberen Rand Röschen spritzen.
Mit Zuckerherzen und Perlen nach
Lust und Laune dekorieren.

# Biskotten-Pudding-Törtchen
## MIT MARSHMALLOWS

**Für die Törtchen:**
1 l Milch
2 Päckchen Schokoladen-
Puddingpulver
6 EL Zucker
1 Packung Löffelbiskuits
(ca. 400 g)
4 reife Bananen

**Für die Dekoration:**
Mini-Marshmallows

**Außerdem:**
Gläser oder andere Gefäße
Satinband

*Löffelbiskuits – in meiner Heimat heißen sie Biskotten – dürfen bei den Kleinen*
*natürlich nicht fehlen. Ebenso wenig die leckere Banane*
*und der noch viel leckerere Schokoladenpudding.*
YUMMIE!

Zuerst rühren wir den Pudding an. Hierfür 4 EL Milch mit Puddingpulver und Zucker verrühren. Die restliche Milch erhitzen und sobald diese kocht, das vorbereitete Puddingpulver unterrühren und ganz kurz aufkochen lassen. Acht Löffelbiskuits in kleine Stücke und die Banane in dünne Scheiben schneiden. Für die Törtchen eignen sich runde Gläser, die nach unten nicht enger werden, sehr gut. Die Gläser zur Hälfte mit Pudding füllen, die Biskuit- und Bananenstückchen verstecken und mit Pudding auffüllen. Die Masse bei Raumtemperatur abkühlen lassen und dann 5 Stunden in den Kühlschrank stellen. Je kälter der Pudding ist, desto leichter lässt er sich stürzen.

Den Pudding auf eine Tortenplatte oder einen Teller stürzen. Mit Biskotten umrahmen und ein Satinband mit hübscher Schleife darumlegen. Leckere Mini-Marshmallows darüberstreuen und dekorativ verteilen.

*Wenn die Gläser mit Wasser befeuchtet sind, lässt sich der*
*Pudding gut stürzen, da sich keine direkte Verbindung zwischen*
*Gefäßwand und Pudding bildet.*

# Konfetti-Marmorkuchen-
## POPS

*Der klassische Marmorkuchen bekommt heute ein neues Gesicht verpasst.
Mit lustigen Sprinkles und leckerem Schokoladenmantel das perfekte Fingerfood
für kleine und große Schleckermäuler.*

**Für den Mamorkuchen:**
250 g Butter zzgl. Butter
für das Blech
250 g Zucker
1 Prise Salz
4 Eier (M)
500 g Mehl zzgl. Mehl
für das Blech
½ TL Backpulver
100 ml Milch
50 g Kakaopulver

**Für die Dekoration:**
400 g weiße Kuvertüre
Papierstrohhalme
bunte Zuckerstreusel

**Außerdem:**
Topf und Schüssel für Wasserbad
Backblech mit hohem Rand
Backpapier

3, 2, 1, fertig! Den Backofen auf 180 °C Ober-/Unterhitze vorheizen, das Backblech einfetten und mit Mehl bestäuben. Butter und Zucker schön cremig rühren, Salz und Eier dazu. Mehl und Backpulver ergänzen. Die Milch unterrühren. Die Hälfte des Teiges auf dem Backblech verstreichen. Die andere Hälfte mit dem Kakaopulver verrühren und ebenso auf das Backblech schütten. Mit einem Teigschaber verteilen und mit einer Gabel die beiden Teigsorten vermischen. Es entsteht ein Überraschungsmuster! Die Oberfläche glatt streichen und ab damit in den Backofen auf die mittlere Schiene. Der Kuchen ist fertig, wenn der Stäbchentest erfolgreich war. Den Kuchen auf dem Blech auskühlen lassen und auf ein Blatt Backpapier stürzen.

Während der Kuchen fertig auskühlt, die Kuvertüre über einem Wasserbad schmelzen. Den Kuchen in 2 x 2 cm große Stücke schneiden, den Papierstrohhalm in die Kuvertüre tauchen, dann in das Kuchenstück stecken und ca. 15 Minuten antrocknen lassen. Anschließend die Stückchen in die Kuvertüre tauchen, auf Backpapier stellen und mit Zuckerstreuseln dekorieren. Trocknen lassen und vernaschen.

*Die Kuvertüre kann im flüssigen Zustand auch toll eingefärbt werden!*

Für 20 Stück
Arbeitszeit ca. 30 Minuten ∗ Kühl-/Ruhezeit 2 Stunden

# Meringue
## KISSES

*Luftig und weich wie Wölkchen. Meringue Kisses,
auch Baisers genannt, sind eine süße Köstlichkeit und zart wie ein Kuss.
Das Schaumgebäck aus Eiweiß und Zucker ist ganz bestimmt eine Sünde wert.*

**Für die Küsschen:**
2 Eiweiß
1 Spritzer Zitronensaft
1 Prise Salz
120 g Zucker
Lebensmittelgelfarbe in
Rosa, Gelb und Blau

**Außerdem:**
Spritzbeutel
Lochtülle 4 mm

Das Eiweiß mit Zitronensaft und Salz in eine saubere Schüssel geben und steif schlagen. Immer weiterschlagen und dabei langsam den Zucker einrieseln lassen. Das dauert eine Weile. Wenn mit dem Teigschaber kleine Spitzen gezogen werden können, ist die Masse fertig. Die Baisermasse auf drei Schüsseln verteilen und jeweils in Pastellrosa, Pastellgelb und Pastellblau einfärben. Den Backofen auf 100 °C Umluft vorheizen und zwei Backbleche mit Backpapier auskleiden. Den Spritzbeutel mit der Spritztülle vorbereiten und alle drei Farben nebeneinander im Spritzbeutel arrangieren.

Mit dem Spritzbeutel ca. 2 cm große Tropfen auf die mit Backpapier belegten Bleche spritzen und 1 ½–2 Stunden im Ofen trocknen lassen. Im ausgeschalteten Backofen können die Baisers ruhig über Nacht verbleiben, damit sie ihre ganze Feuchtigkeit verlieren. Die Meringue-Kisses vorsichtig vom Backpapier lösen und in einer luftdichten Dose an einem kühlen Ort aufbewahren. Durch ihre feine Oberfläche nehmen die Baisers schnell Feuchtigkeit auf und werden dann sehr klebrig.

*Die drei Farben können auch nacheinander als einfarbige Baisers gespritzt werden.*

*Lebensmittelgelfarben eignen sich besonders gut zum Einfärben, da sie die Konsistenz der Masse nicht verändern.*

# SPRITZGEBÄCK NACH

## Altwiener Rezept

*Ein Stückchen Heimat darf in meinem Backbuch natürlich nicht fehlen.
Wer das Rezept schon gelesen hat, dem wird sicherlich der Staubzucker
anstelle des Puderzuckers aufgefallen sein.*

**Für das Spritzgebäck:**
150 g Butter
50 g Staubzucker
1 Ei (M)
1 Päckchen Vanillezucker
1 Prise Salz
200 g Mehl
Johannisbeerkonfitüre

**Außerdem:**
stabiler Spritzbeutel
Sterntülle # 1M
Backpapier

Da das Rezept so schnell geht, sollte der Backofen gleich vorgeheizt und ein Backblech mit Backpapier ausgelegt werden. Für die Spritzmasse die Butter schaumig rühren, Staubzucker, Vanillezucker, Salz und Ei dazugeben. Das Mehl in die Schüssel sieben und gut verrühren. Einen Spritzbeutel mit Sterntülle nach Wahl vorbereiten und die Masse einfüllen. Der Spritzbeutel sollte sehr stabil sein. Den Teig in beliebiger Form zügig auf das Backblech spritzen. Es können Streifen, Herzen, Brezeln, Hörnchen und vieles mehr sein. Je fester die Masse wird, desto schwerer lässt sie sich spritzen. Im vorgeheizten Backofen ca. 12–15 Minuten bei 160 °C Umluft backen. Die Kekse sind fertig, wenn sich die Ränder goldbraun färben. Auf einem Kuchengitter auskühlen lassen und in der Zwischenzeit die Konfitüre etwas erwärmen. Jeweils einen Keks mit Konfitüre bestreichen und einen weiteren Keks daraufsetzen.

*Wer möchte, kann immer zwei Kekse mit Konfitüre zusammenkleben
und dann in geschmolzene Schokolade tauchen!*

Für 20–25 Stück
Arbeitszeit ca. 15 Stunden  *  Kühl-/Ruhezeit 20 Minuten

# Schokosalzstangen

*Das allerschnellste Party-Fingerfood in diesem Backbuch sind die leckeren Schokosalzstangen.
Schon als Kind liebte ich Salzstangen und das hat sich bis heute nicht geändert.
Ich finde einfach die Mischung aus salzigem Laugengebäck mit süßer Schokolade
wahnsinnig lecker. Am besten eignen sich hierfür besonders große Salzstangen
und Schokolade habt ihr wahrscheinlich sowieso zu Hause.*

Bei diesem Rezept habt ihr die freie Wahl.
Nehmt einfach, was ihr zu Hause findet.

**Für die Stangen:**
Salzstangen
200 g Schokolade, weiße Kuvertüre oder
Candy Melts (nach Wahl)
Lebensmittelgelfarbe in Rosa
Mini-Herzen, Zuckerperlen,
Kekskrümel oder Schokoraspel (nach Wahl)

**Außerdem:**
Topf und Schüssel für Wasserbad
Backpapier

Für das Rezept verwende ich 200 g weiße Kuvertüre, zerhacke sie und schmelze sie über einem Wasserbad. Ich nehme bevorzugt Teller zum Tauchen der Salzstangen, da diese besser zu reinigen sind, du kannst aber auch Gläser oder Schüsseln verwenden, ganz wie du willst.

Die geschmolzene Kuvertüre auf einen Teller geben und in Rosa einfärben. Die Salzstangen bis auf ein Stück von 4 cm, das nicht überzogen wird, in der Kuvertüre drehen, abtropfen lassen und über einer Schüssel mit den Zuckerperlen bestreuen. Da Kuvertüre sehr schnell trocknen kann, musst du zügig arbeiten. Die fertigen Sticks zum Trocknen in ein Glas stellen (je nach Höhe der Glasur) oder auf ein Backpapier legen. Et voilà – schon fertig!

# *Mürbeteigkekse* MIT ROYAL ICING
## HEISSLUFTBALLONS, KINDERWAGEN UND STRAMPLER

*Die süßen Kekse sind der Hingucker auf der Baby Shower Party.*
*Passend zur Wimpelkette könntet ihr auch die Kekse aufhängen.*
*Hierfür mit einem Strohhalm, die noch heißen frisch gebackenen Kekse*
*durchbohren und nach dem Dekorieren auf ein Satinband auffädeln.*

**Für das Royal Icing:**
500 g Puderzucker
2 EL Eiweißpulver
150 ml kaltes Wasser
Lebensmittelgelfarbe in
Gelb/Rosa/Blau

**Außerdem:**

Keksausstecher Heißluftballon,
Kinderwagen und Strampler
3 Spritzbeutel
3 Spritzflaschen
3 Lochtüllen 1 mm Ø

Für das Royal Icing den Puderzucker und das Eiweißpulver in eine Schüssel sieben, 60 ml Wasser hinzugeben und 2 Minuten verrühren (am besten den Küchenwecker stellen). Das Ergebnis ist eine feste Glasur, die von der Konsistenz her Zahnpasta ähneln sollte. Die Masse zu gleichen Teilen auf drei Schüsseln verteilen und zwei Portionen in Rosa und Blau einfärben. Jeweils ⅓ in einen Spritzbeutel mit Lochtülle füllen. Die restlichen ⅔ mit 1 ½–2 EL Wasser verdünnen, sodass eine flüssige joghurtähnliche Konsistenz entsteht, und jeweils in eine Spritzflasche füllen.

*Für den Keksteig und das Royal Icing kannst du das Rezept für die Herzkekse auf Seite 26 vorbereiten. Mit dieser Menge bekommst du von jeder der drei Keksformen 8 Stück oder ca. 15 Stück von einer Form. Die richtige Technik im Umgang und beim Designen mit dem Spritzbeutel wird ab Seite 236 beschrieben.*

## HEISSLUFTBALLON

Den Korb mit weißer Glasur umranden, den Ballon abwechselnd mit Rosa und Blau.

Mit der flüssigen Glasur die Felder in den unterschiedlichen Farben ausmalen und 1 Stunde trocknen lassen.

Auf den Korb mit der festen weißen Glasur ein Korbmuster spritzen und dem Ballon die typischen Seile aufmalen.

## KINDERWAGEN

Mit der festen rosa Glasur erst den Korb einzeichnen. Dann mit der festen weißen Glasur das Dach und die Räder aufmalen.

Mit der flüssigen rosa Glasur den Korb ausfüllen. Das Dach in Weiß ausmalen und 1 Stunde trocknen lassen. Aufpassen, dass die flüssigen Glasuren nicht ineinanderlaufen.

Mit der festen weißen Glasur die Speichen der Räder, auf den Korb Blümchen und die Falten im Dach einzeichnen.

## STRAMPLER

Mit der festen hellblauen Glasur umranden.

Mit der flüssigen hellblauen Glasur ausfüllen. Eine Stunde trocknen lassen.

Mit der festen weißen Glasur die typische Stramplerform aufmalen und in die Mitte ein Herz setzen.

# Cookie Donuts

## ALS DEKO FÜR MILCHGLÄSER

**Für die Kekse:**
200 g Butter
180 g feiner Zucker
1 Prise Salz
1 Ei (M)
1 Bourbon-Vanilleschote
400 g Mehl zzgl. Mehl
zum Ausrollen
Erdbeerkonfitüre

**Für das Royal Icing:**
125 g Puderzucker
1–2 EL Zitronensaft
Zuckerstreusel
Lebensmittelgelfarbe in Rosa

**Außerdem:**
Spritzbeutel
Schere
runder Ausstecher ca. 5 cm Ø
runder Ausstecher ca. 2 cm Ø
Backpinsel

Den Backofen auf 150 °C Umluft vorheizen. Für den Keksteig die Butter mit Zucker sowie Salz verrühren und das Ei sowie das Mark aus der Vanilleschote hinzugeben. Das Mehl so lange unterrühren, bis sich der Teig selbstständig von der Schüssel löst. Den Teig zu einem flachen Quader formen und in Frischhaltefolie gewickelt 1 Stunde kalt stellen. Auf einer Backmatte oder der Arbeitsfläche ein wenig Mehl verteilen, den Teig ca. 3 mm dick ausrollen und 20 Kreise (5 cm Durchmesser) ausstechen. Auf ein mit Backpapier bedecktes Backblech legen und auf der mittleren Schiene 10–15 Minuten backen. Die Kekse sind fertig, wenn sich der Rand goldbraun färbt.

Die Kekse aus dem Backofen holen und sofort mit der kleinen Kreisform mittig Löcher ausstechen. Für das Icing den Puderzucker mit Zitronensaft verrühren. Die Glasur rosa einfärben und in einen Spritzbeutel füllen. Vorne ein kleines Eck abschneiden, 10 Kekse damit dekorieren, gleich anschließend mit Zuckerstreuseln bestreuen und 3 Stunden trocknen lassen. Die Kekse ohne Glasur mit Konfitüre bestreichen und die Kekse mit Glasur daraufkleben. Als Deko zusammen mit farblich passenden Strohhalmen auf Milchgläsern oder -flaschen befestigen.

*Löcher und Formen lassen sich besser nach dem Backen ausstechen, da sich beim Backen die Löcher sonst wieder schließen und die Formen verziehen könnten.*

*Warum nicht mal Cookies als coole Deko nutzen? Besonders toll sehen sie auf Gläsern oder kleinen Milchflaschen mit Strohhalm aus.*

# *Keks* — COUTURE

So einmalig wie die Haute Couture, so unverwechselbar
ist jedes einzelne Meisterwerk in diesem wundervollen Kapitel.
Himmlische Abendkleider, aufregende Diamanten, zarte Ballerinas
und sündige Tortenträume für echte Fashionistas.
Einfach die Augen schließen, in den Eiffelturm aus zartem
Zitronenkeks beißen und von Paris träumen.

# The Shopping Bag

*Dieser Traum aus zarten Pfingstrosen sieht auf den ersten Blick gar nicht wie eine Torte aus.*
*Ein süßes Meisterwerk für Shopping- und Blumenliebhaber.*

**Für die Torte:**
400 g Butter
300 g brauner Zucker
8 Eier (M)
400 g Mehl
400 g gemahlene Mandeln
2 TL Backpulver
1 Prise Salz
200 ml Milch 3,5 %
1 Glas Sauerkirschen

**Für die Buttercreme:**
500 g weiße Schokolade
200 ml Sahne
250 g Butter
1 TL Vanilleessenz
1 Prise Salz
200 g Puderzucker

**Für die Dekoration:**
750 g weißer Fondant
250 g rosa Fondant
100 g grüner Fondant
Speisestärke zum Ausrollen

**Außerdem:**
2 Springformen
Backmatte
Taschenform aus Pappe
Fondantglätter
Fondantroller
Backspray

Im ersten Schritt heizen wir den Backofen auf 180 °C Ober-/Unterhitze vor, belegen den Boden der Springformen mit Backpapier und sprühen die Ränder mit Backspray ein. Die zimmerwarme Butter mit dem Zucker schaumig rühren, die Eier einzeln hinzugeben und gut verrühren. Das Mehl mit den gemahlenen Mandeln, dem Backpulver und Salz vermischen, in die Schüssel sieben und verrühren. Langsam die Milch hinzugeben und alles zu einem glatten Teig rühren. Die Masse zu gleichen Teilen in die Springformen gießen und ca. 50 Minuten backen (Stäbchentest). Auskühlen lassen. Die Sauerkirschen abtropfen lassen und halbieren.

Für die Buttercreme die Schokolade fein hacken und in eine Schüssel geben. Die Sahne aufkochen und über die Schokolade gießen. Mit einem Schneebesen verrühren bis eine glatte Masse entsteht. Um das Abkühlen zu beschleunigen, die Schüssel über ein kaltes Wasserbad stellen. Die zimmerwarme Butter mit Vanille, Salz und Puderzucker schaumig schlagen und in die Ganache geben. Langsam verrühren und dann auf höchster Stufe ca. 3 Minuten aufschlagen. Die ausgekühlten Tortenböden aus den Springformen lösen und mithilfe der Vorlage die Form 6-mal ausschneiden. Den untersten Tortenboden in Taschenform auf eine Drehplatte legen, die halbierten Sauerkirschen verteilen und mit Creme bestreichen, sodass eine gerade Oberfläche entsteht. Darauf die zweite Form setzen und das Ganze noch dreimal wiederholen. Zum Schluss den Deckel auflegen. Den Kuchen rundum mit der Buttercreme bestreichen, um in der sogenannten Krümelschicht, das heißt, in einer dünnen Schicht Creme, alle Krümel einzufangen. Den Kuchen 15 Minuten kühlen und dann mit dem Rest der Schokoladenbuttercreme einstreichen, bis die Oberfläche ganz gerade ist. Alle Seiten glatt streichen und erneut für 30 Minuten kalt stellen.

*Sollten nach der zweiten Cremeschicht noch Unebenheiten zu sehen sein, einfach ein Messer unter warmem Wasser erwärmen, abwischen und die Stellen glätten.*

**Außerdem:**
Pfingstrosenausstecher
Pinsel
1 Schale kaltes Wasser
kleines Messer
Blütenpollen

Um die Größe des Fondants zu bestimmen, einmal mit dem Maßband den Umfang rund um den Kuchen sowie die Seitenhöhe messen und jeweils 5 cm Puffer hinzurechnen. So erhältst du die Maße, die dein Fondant haben muss, nachdem du ihn jetzt auf einer mit Speisestärke bestreuten Backmatte ca. 3 mm dick ausgerollt hast. Den Fondant beim Ausrollen immer wieder ablösen und drehen, damit er nicht festklebt. Die Fondantdecke um den Kuchen legen, mit einem Fondantglätter andrücken und glatt streichen. Den Deckel musst du nicht unbedingt mit Fondant verkleiden, da hier die Blüten hinkommen. Die Kanten an der Tortenplatte sauber abschneiden. Aus dem restlichen weißen Fondant zwei etwa 15 cm lange Streifen für die Henkel ausschneiden und mit Wasser festkleben. Die Blüten verdecken später die Klebestellen.

Für die Blütendekoration den rosa Fondant gut durchkneten und sehr dünn ausrollen. Jeweils eine Form der Blüten ausstechen und die Ränder ausdünnen (zum Beispiel mit dem Pinselstiel). Alle vier Formen übereinanderlegen, mit Wasser aneinander kleben und in der Mitte fünf Blütenpollen durchstecken. Die Blüten an den Draht drücken und in einem passenden Gefäß, z. B. in einem Glas, trocknen lassen, denn so erhält die Blüte ihre Form. Beliebig viele Blütenformen oben in den Kuchen stecken. Nach Belieben eine Blüte zur Deko danebenlegen.

*Bei hellem Fondant eignet sich eine helle Ganache oder Buttercreme besser, da sie nicht unschön durchschimmern kann.*

*Die Kuchenreste kannst du wunderbar für Cake-Pops verwenden.*

# Pannacotta
## MIT HIMBEERGELEE

**Für das Himbeegelee:**
650 g Himbeeren
8 Blatt Gelatine
150 g Zucker
3 EL Orangenlikör

**Für die Pannacotta:**
6 Blatt Gelantine
2 Bourbon-Vanilleschoten
550 ml Sahne
100 g Zucker

**Außerdem:**
Topf
6 Gläser
leerer Eierkarton oder
Muffinbackblech
Zahnstocher oder
Holzspieße

Zuerst bereiten wir das Himbeergelee zu. Hierfür die Himbeeren waschen und 8 Blatt Gelatine einweichen. Die Himbeeren mit 150 g Zucker und dem Orangenlikör in einem Topf unter ständigem Rühren erwärmen. Der Zucker sollte sich vollständig auflösen. Die Masse durch ein Sieb streichen. Die Gelatine ausdrücken, der Masse beimengen und erneut erwärmen, damit sich die Gelatine auflösen kann. Das Himbeergelee ein paar Minuten auskühlen lassen und in Gläser füllen. Für den optischen Effekt die Gläser in Schrägstellung fixieren, z. B. in einem Eierkarton und das Gelee 3 Stunden kühlen, bis es fest wird. Für die Pannacotta die restlichen 6 Blatt Gelatine einweichen. Die beiden Vanilleschoten der Länge nach aufschneiden und das Vanillemark herauskratzen. Die Sahne mit dem Zucker und dem Vanillemark in einem Topf aufkochen. Die Gelatine ausdrücken und in der Sahne auflösen. Die Masse abkühlen lassen und auf das Himbeergelee gießen. Zuvor bitte sicherstellen, dass das Himbeergelee fest genug ist. Die Gläser erneut 3–4 Stunden kühlen. Für die Dekoration das Keksrezept von Seite 68 verwenden und dazu ein paar frische Himbeeren mit einem Minzblatt auf jedes Glas geben.

*Der Schmetterling lässt sich mit einem Holzspieß wunderbar im Glas fixieren.*

# LEMON
## Meringue-Pie

*Herrlich frisch und fruchtig. Ein Lemon Pie mit Baiserhaube passt wunderbar zur leichten
Keks-Couture mit zitroniger Note. Ich liebe die fluffige Oberfläche,
sie erinnert mich ein wenig an Salzburger Nockerl.*

**Für den Boden:**

250 g Mehl
1 Eigelb
1 Prise Salz
125 g kalte Butter zzgl. Butter
für die Form
80 g Puderzucker

**Für die Füllung:**

2 Eiweiß
100 g Puderzucker
5 Eigelb
5 EL Sahne
1 EL Speisestärke
5 Bio-Zitronen

**Für die Baiserhaube:**

2 Eiweiß
100 g Puderzucker

**Außerdem:**

Obstkuchenform
Backpapier
getrocknete Erbsen oder
Milchreis zum Backen
Flambiergerät

Als Backform nehme ich gerne eine gläserne Obstkuchenform, da sich der Pie darin auch schön präsentieren lässt. Für den Boden Mehl, Eigelb, Salz und Butter und Puderzucker zu einem glatten Teig verkneten. Wer möchte, kann dies auf der Arbeitsfläche mit den Händen tun, oder wie ich mit der Küchenmaschine. Den Teig in Frischhaltefolie verpacken und 1 Stunde kühlen. In der Zwischenzeit den Backofen auf 200 °C Ober-/Unterhitze vorheizen und die Form einfetten. Den Teig ausrollen und die Form damit auskleiden. Diese dann mit zwei Blatt Backpapier abdecken (eines längs, eines quer) und mit getrockneten Erbsen oder Reiskörnern beschweren. 10 Minuten im Ofen backen. Für die Zitronencreme zwei Eiweiße mit 50 g Puderzucker steif schlagen. Die Eigelbe mit Sahne, Stärke und den restlichen 50 g Puderzucker in einer zweiten Schüssel über einem heißen Wasserbad aufschlagen. Den Saft und Abrieb der 5 Zitronen hinzugeben und den Eischnee vorsichtig unterheben. Die Masse in die Backform gießen und ca. 25 Minuten bei 180 °C backen. Für das hübsche Häubchen die Eiweiße mit dem Puderzucker steif schlagen und entweder mit einem Spritzbeutel aufspritzen oder wie hier mit dem Teigschaber verteilen. Die tolle Optik kann nun durch Übergrillen oder mit einem Flambiergerät vollendet werden.

*Durch das Gewicht der Erbsen kann der Teig nicht aufgehen und
behält so seine Form.*

# *Limetten-*
# BLONDIES

*Wer hätte gedacht, dass ein Brownie als weiß gestylter Blondie mit
erfrischender Limette derart elegant sein kann?
In der Pariser Haute Couture geht es bekanntlich darum, dass jedes Kleid
ein Unikat ist, und darum geht es auch bei unserer schokoladigen
Dekoration: Kein Detail gleicht dem anderem.*

**Für die Blondies:**
200 g weiße Schokolade
150 g Butter
200 g brauner Zucker
1 Päckchen Vanillezucker
3 Eier (M)
1 Prise Salz
200 g Mehl
1 TL Backpulver
50 ml Milch

**Für die Glasur:**
150 g Puderzucker
2 Bio-Limetten

**Für die Dekoration:**
100 g weiße Schokolade

**Außerdem:**
Topf und Schüssel für das
Wasserbad
Backpapier
Löffel
Pinsel
runder Ausstecher oder
Glas (ca. 5 cm Ø)

Weil es gleich richtig schnell geht mit den Blondies, werden wir als Erstes den Backofen auf 180 °C Ober-/Unterhitze vorheizen und das Backblech einfetten. Die Schokolade sehr klein hacken. Die zimmerwarme Butter mit Zucker, Vanillezucker, Eiern und Salz verrühren. Das Mehl mit dem Backpulver und der Milch unterrühren und zum Schluss die gehackte Schokolade unterheben. Den Teig auf das Backblech streichen und 25–30 Minuten backen.

Aus dem Ofen nehmen, abkühlen lassen und aus dem Kuchen mit einem runden Ausstecher 12 Kreise ausstechen. Aus dem Puderzucker und dem Saft der Limetten eine dickflüssige Glasur anrühren und auf die Stücke pinseln.

Aus der weißen Schokolade gestalten wir jetzt die Haute-Couture-Accessoires. Schokolade hacken, über dem Wasserbad schmelzen und mit einem Löffel in beliebigen, ca. 3 x 6 cm großen Fächerformen auf das Backpapier spritzen – mal zickzack, mal quer. Etwa 20 Minuten trocknen lassen und auf die Blondies legen.

# Pink Velvet Cupcakes MIT

## FRISCHKÄSEFROSTING

*Als Kind wollte ich nie eine Prinzessin sein, aber seit ich backe liebe ich Pink und Rosa
in allen seinen Facetten. Dieses Rezept könnt ihr gerne
auch in euren eigenen Farbvorstellungen neu interpretieren und
z. B. einen Red Velvet Cupcake mit Blüten zaubern. Lasst eurer Fantasie freien Lauf.*

### Für die Cupcakes:

120 g Butter
125 g Zucker
1 Päckchen Vanillezucker
2 Eier (M)
200 g Mehl
2 EL Kakaopulver
1 Prise Salz
½ TL Backpulver
½ TL Natron
100 ml Buttermilch
rosa Lebensmittelfarbe

### Für das Frischkäsetopping:

200 ml Sahne
2 Päckchen Sahnesteif
250 g Frischkäse Doppelrahmstufe
5 EL Puderzucker
Aromen oder Marmeladen
(nach Belieben)

### Außerdem:

Muffinblech
Papierförmchen
Zuckerperlen
Spritzbeutel
Sterntülle #32

Den Backofen vorheizen und das Muffinblech mit Papierförmchen ausstatten. Für die Cupcakes die zimmerwarme Butter mit Zucker und Vanillezucker cremig rühren und die Eier zugeben. Das Mehl mit den trockenen Zutaten vermischen und unter die Butter-Zucker-Masse rühren. Dann die Buttermilch und die Lebensmittelgelfarbe hinzugeben. Den Teig nur kurz verrühren, bis eine glatte Masse entsteht, dann mit zwei Löffeln, einem Spritzbeutel oder Eisportionierer auf die Förmchen verteilen. Die Cupcakes bei ca. 160 °C Ober-/Unterhitze 20–25 Minuten backen und im Backblech auskühlen lassen.

In der Zwischenzeit für das Topping die Sahne mit einem Päckchen Sahnesteif steif schlagen. Den Frischkäse in einer zweiten Schüssel mit dem zweiten Päckchen Sahnesteif, Puderzucker und nach Belieben mit Aromen oder Marmelade verrühren. Die Sahne vorsichtig unter die Frischkäsecreme heben, die Masse in einen Spritzbeutel mit Sterntülle füllen und auf die ausgekühlten Cupcakes spritzen. Für einen tollen Swirl-Effekt die Tülle am Rand ansetzen und in Kreisen nach oben spritzen. Nach Belieben mit Zuckerperlen dekorieren.

*Werden sie im heißen Zustand aus der Muffinform gezogen, kann sich das Papierförmchen unschön ablösen.
Deswegen die Cupcakes lieber im Blech auskühlen lassen.*

# Cookie Dough
## PRALINEN

*Zart schmelzender Keksgenuss im feinen Schokoladenmantel.
Perfekt für die kleine Sünde zwischendurch. Und keine Angst vor rohem Keksteig,
die Praline enthält weder Ei noch Backpulver.*

**Für den Cookie Dough:**
50 g Butter, zimmerwarm
45 g brauner Zucker
½ Päckchen Vanillezucker
½ Prise Salz
60 g Mehl
2 EL Milch
30 g Krokant

**Überzug und Dekoration:**
300 g weiße Schokolade
20 g Krokant
1 Blatt essbares Blattgold

**Außerdem:**
Topf und Schüssel für Wasserbad
Holzspieße oder Pralinengabel
Backpapier
feiner Pinsel

Butter, Zucker, Vanillezucker und Salz miteinander verrühren. Mehl und Milch einrühren und den Krokant unterheben. Den Teig zu ca. 12 walnussgroßen Pralinen formen und 30 Minuten im Kühlschrank ruhen lassen, gegebenenfalls nachformen und erneut kühlen.

In der Zwischenzeit die Kuvertüre über einem heißen Wasserbad schmelzen. Die Pralinen mit Hilfe eines Holzspießes oder einer Pralinengabel in die Kuvertüre tauchen, kurz abtropfen lassen und auf Backpapier legen. Mit einem Pinsel das Blattgold vorsichtig auf die ausgekühlten Pralinen tupfen.

*Anstelle von Krokant können auch gehackte Nüsse oder Trockenfrüchte,
Schokodrops, Kokosflocken oder andere Leckereien verwendet werden.*

# *Zitronenkekse* MIT ROYAL ICING

## COUTURE-KLEIDER, EIFFELTURM UND DIAMANTEN

*Das Keksdesign wird von mir im Kapitel „Keks-Couture" mit zauberhaften Abendroben, Diamanten und la Tour Eiffel französisch interpretiert. Augen schließen, genießen und von Paris träumen.*

**Für die Kekse:**

200 g Butter
180 g feiner Zucker
1 Ei (M)
Abrieb von 1 Bio-Zitrone
1 Prise Salz
400 g Mehl zzgl. Mehl
zum Ausrollen

**Für das Royal Icing:**

500 g Puderzucker
2 EL Eiweißpulver
150 ml kaltes Wasser
Lebensmittelfarbe in Rosa
und Schwarz

**Außerdem:**

Keksausstecher Kleider,
Eiffelturm und Diamant
Backmatte
3 Spritzbeutel
3 Spritzflaschen
3 Lochtüllen #002
Sterntülle #32
schwarzes Satinband

Für den Keksteig die Butter mit Zucker verrühren und das Ei, den Zitronenabrieb sowie das Salz hinzugeben. Das Mehl so lange unterrühren, bis sich der Teig selbstständig von der Schüssel löst. Den Teig zu einem flachen Quader formen und in Frischhaltefolie gewickelt 1 Stunde kalt stellen. Inzwischen den Backofen auf 150 °C Umluft vorheizen. Auf einer Backmatte ein wenig Mehl verteilen, den Teig ca. 3 mm dick ausrollen und die Motive ausstechen. Die Kekse auf der mittleren Schiene 10–15 Minuten backen. Sie sind fertig, wenn sich der Rand goldbraun färbt. Bei unterschiedlichen Keksgrößen gilt als Regel, dass alle kleinen und alle großen Kekse zusammen gebacken werden, da sie verschieden lange Backzeiten erfordern und bei einer Mischung die kleinen Formen längst verbrannt wären, bis die großen Kekse goldbraun sind. Das Rezept ergibt etwa acht Kekse von jeder Größe.

Für das Royal Icing den Puderzucker und das Eiweißpulver in eine Schüssel sieben, 60 ml Wasser hinzugeben und 2 Minuten verrühren. Das Ergebnis ist eine feste Glasur, die von der Konsistenz her Zahnpasta ähneln sollte. Die Masse gleichmäßig auf drei kleine Schüsseln verteilen. Ein Teil bleibt weiß, ein Teil wird rosa und der dritte Teil wird schwarz eingefärbt. Das folgende Prozedere bei allen drei Schüsseln anwenden: ⅓ der Masse in einen Spritzbeutel mit Lochtülle füllen. Die Spritzbeutel am oberen Ende mit einem Knoten oder einer Klammer verschließen. Die restlichen ⅔ mit 1 ½ EL Wasser verdünnen, sodass eine flüssige, joghurtähnliche Konsistenz entsteht. Diese Glasur wird in eine Spritzflasche gefüllt. Als Gedächtnisstütze: Die Glasur in den Spritzbeuteln hat eine festere Konsistenz und wird für die Ränder und feinen Dekorationen verwendet. Die Glasur in den Spritzflaschen ist flüssiger und dient zum Ausfüllen der Keksflächen.

Zum Dekorieren Backpapier auf dem Tisch auslegen und die ausgekühlten Kekse darauf verteilen. Das vorgeschlagene Design kannst du gerne in deinen eigenen Farbwünschen verwirklichen. Die richtige Technik im Umgang und beim Designen mit dem Spritzbeutel wird ab Seite 236 beschrieben.

Tipps zur Lagerung und Haltbarkeit von Royal Icing findest du im Rezept für die Herzkekse auf Seite 29.

*Je kälter der Teig, desto besser lassen sich die Kekse ausstechen.*

*Ist die Glasur flüssig geworden, kann sie mit Puderzucker wieder eingedickt werden. Ist sie zu fest, einfach kleine Mengen Wasser einrühren.*

## COUTURE-KLEIDER

Den oberen Teil des Kekses mit der festen rosa Glasur umranden.

Mit der flüssigen rosa Glasur den Keks ausmalen.

Die restliche feste Glasur in einen Spritzbeutel mit Sterntülle umfüllen und kleine Rosetten auf den Rock spritzen.

## EIFFELTURM

Mit der festen weißen Glasur den Keks umranden.

Mit der flüssigen weißen Glasur den Eiffelturm ausmalen. Eine Stunde trocknen lassen.

Mit der festen schwarzen Glasur erst die Ränder nachzeichnen und dann mit vielen kleinen Linien die typische Musterung aufmalen. Mittig ein Herz mit der festen rosa Glasur aufmalen.

## DIAMANT

Den Keks mit der festen weißen oder rosa Glasur umranden.

Mit der flüssigen weißen oder rosa Glasur den Keks ausmalen. Eine Stunde trocknen lassen.

Mit der festen weißen oder rosa Glasur die dreidimensionalen Linien aufmalen.

Auch wenn im Sommer weniger gebacken wird, gefeiert wird trotzdem!
Die Kreationen für diesen Sommertraum sind fruchtig-frisch und duften nach Maracuja,
Kokos und Ananas. Zergehen zart schmelzend auf der Zunge,
wie die Himbeer-Cheesecake-Eispralinen
und der erfrischende Grapefruit-Cocktail.
Willkommen im Paradies.

# Sommer
# TRAUM

# Rum-Kokos-
# HAPPEN

**Für den Teig:**
80 g Butter
200 g Zucker
2 Eier (M)
250 g Mehl
30 g Kakao
1 TL Backpulver
50 ml Milch

**Für die Glasur:**
100 g Zartbitterschokolade-Raspel
100 g Puderzucker
150 ml Rum
120 g Kokosflocken (Kokosraspel)

**Außerdem:**
Backblech mit hohem Rand
Backpapier
Gabel
zwei Schüsseln

Den Backofen auf 160 °C Umluft vorheizen und ein Backblech mit hohem Rand mit Backpapier auslegen. Für den Teig Butter und Zucker schaumig rühren und die Eier einzeln dazugeben. In einer zweiten Schüssel Mehl, Kakao und Backpulver mischen und zusammen mit der Milch in die Butter-Zucker-Mischung rühren. Den Schokoladenteig auf das Backblech streichen und im vorgeheizten Backofen ca. 20 Minuten auf der mittleren Schiene backen. Den Kuchen auskühlen lassen und anschließend in gleich große Stücke schneiden.

Für die Glasur Schokoraspel in eine Schüssel geben und mit Puderzucker und Rum verrühren, sodass ein dickflüssiger Guss entsteht. Die Würfel mit einer Gabel eintauchen, kurz abtropfen lassen und in Kokosflocken wenden. Auf einem Blatt Backpapier oder auf dem Kuchengitter trocknen lassen und auf einer Tortenplatte anrichten.

*Für Kinder einfach den Rum in der Glasur durch ein wenig
Fruchtsaft ersetzen.*

Nicht nur der Pudding, auch die Böden können bereits am Vortag zubereitet werden. Letztere lassen sich dann sogar noch besser durchschneiden.

# Maracuja-Torte
## im TUPFENDESIGN

**Für die Torte:**
300 g Butter zzgl. Butter
für die Formen
300 g Zucker
1 Päckchen Vanillezucker
5 Eier (M)
300 g Mehl
2 TL Backpulver
100 ml Maracujasaft

**Für die Puddingcreme:**
2 Päckchen Vanille-Sahne-
Puddingpulver
600 ml Maracujasaft
500 g Butter
300 g Puderzucker
1 Dose Pfirsiche
Lebensmittelgelfarbe in
Rosa und Grün

**Für den Surprise-Effekt:**
1 Packung Schokokugeln

**Außerdem:**
2 Springformen
Backpapier
3 Spritzbeutel
3 Lochtüllen (4 mm Ø)
Löffel

*Für den Surprise-Effekt je ein Loch mittig in die drei unteren Böden ausstechen. Beim Zusammenbauen 1 Packung Schokokugeln in das so entstandene Geheimfach füllen.*

Da der Pudding auskühlen muss, fangen wir mit diesem an. Wer Zeit hat, kann ihn auch gerne schon am Vortag zubereiten. Beide Puddingpäckchen zusammen mit dem Maracujasaft nach Packungsanleitung zubereiten. Direkt an der Oberfläche mit Frischhaltefolie abdecken, damit keine Haut entsteht. Alle Zutaten, insbesondere die Butter, aus dem Kühlschrank holen und die Arbeitsfläche vorbereiten. Den Backofen auf 160 °C Ober-/Unterhitze vorheizen. Butter, Zucker und Vanillezucker schaumig rühren und die Eier nach und nach zugeben. Das Mehl mit dem Backpulver in die Butter-Zucker-Mischung sieben und mit dem Maracujasaft zu einem glatten Teig rühren. Den Teig auf zwei mit Backpapier ausgelegte Springformen (Ränder einfetten) verteilen und ca. 60 Minuten backen. Den Stäbchentest nicht vergessen. Die Böden auf einem Kuchengitter auskühlen lassen.

Für die Creme die Butter schaumig weiß schlagen. Zur Butter kommt nun in kleinen Mengen der ausgekühlte Pudding. Den Puderzucker ergänzen und zu einer glatten Masse rühren. Die Pfirsiche abtropfen lassen und in kleine Würfeln schneiden. Für die Dekoration verteilen wir die Creme zu gleichen Teilen auf drei Schüsseln und färben zwei davon in Hellrosa und Hellgrün ein. Die Cremes in drei Spritzbeutel mit runden Lochtüllen füllen. Die ausgekühlten Tortenböden jeweils mittig durchschneiden. Den schönsten Boden als Deckel aufheben. Einen Boden auf eine Tortenplatte legen, mit grüner Buttercreme bestreichen und darauf ⅓ der Pfirsiche verteilen. Den nächsten Boden aufsetzen, mit rosa Buttercreme bestreichen und wieder ⅓ der Pfirsiche darauf verteilen. Der dritte Boden wird mit der hellen Buttercreme bestrichen und mit den restlichen Pfirsichwürfeln garniert. Den Deckel obenauf setzen. Als Vorbereitung für unsere Tupfen benötigt die Torte eine Krümelschicht. Hierfür jeweils einen Ring unten in Grün, dann Rosa und Hell um die Tortenböden spritzen. Glatt streichen, alle Krümel einfangen und die Torte für 15 Minuten kühlen. Für die Tupfen fangen wir ganz unten mit der grünen Creme an. Jede Creme bekommt zwei Reihen. Mit dem Spritzbeutel einen ca. 2 cm großen Tupfen aufspritzen. Mit einem Löffel mittig im Tupfen ansetzen und flach nach rechts wegziehen. Dies rund um die Torte wiederholen. Immer erst den Tupfen aufspritzen und dann ausstreichen. An der Oberseite von außen nach innen arbeiten. Auch hier kann das Farbmuster wiederholt werden – außen die grüne, dann die rosa und in der Mitte die helle Creme.

# Sommerliche
# MANGO-CUPCAKES

*Jetzt wird gemalt! Ein schlichter Cupcake kann sich mit einem hübschen Fondanthut
in ein absolutes Unikat verwandeln. Je nachdem, wie kreativ ihr seid, könnt ihr anstelle
der tropischen Palmenblätter auch Flamingos, Ananas, Orchideen oder andere Blüten mit Lebensmittelgelfarben
auf den Fondant für Cupcakes und Torten malen.*

**Für die Cupcakes:**
150 g Butter
150 g Zucker
1 Päckchen Vanillezucker
1 Prise Salz
2 Eier (M)
150 g Mehl
50 g Kokosflocken
½ TL Backpulver
¼ TL Natron
50 ml Milch

**Für das Topping:**
½ reife Mango
125 g Mascarpone
100 g Puderzucker

**Für die Dekoration:**
250 g weißer Fondant
Lebensmittelgelfarbe in Grün

**Außerdem:**
Cupcakeförmchen
Spritzbeutel
runder Ausstecher
Pinsel

Butter und Eier ca. 1 Stunde vor dem Backen aus dem Kühlschrank nehmen und bei Raumtemperatur lagern. Den Backofen auf 140 °C Ober-/Unterhitze vorheizen. Butter, Zucker, Vanillezucker und Salz schaumig rühren. Nach und nach die Eier einrühren. Das Mehl mit den Kokosflocken, dem Backpulver und Natron in dieselbe Schüssel sieben und verrühren. Zum Schluss noch die Milch einrühren. Das Backblech mit Cupcakeförmchen ausstatten und den Teig entweder mithilfe von zwei Esslöffeln oder einem Spritzbeutel einfüllen. Die Cupcakes ca. 20 Minuten backen und im Muffinblech abkühlen lassen.

Inzwischen die Mango schälen, entkernen, in Stücke schneiden und pürieren. Den Mascarpone mit dem Puderzucker schaumig schlagen. Die Mangomasse unterheben. In einen Spritzbeutel füllen und auf den Cupcake spitzen (nach Wahl auch mit einer Sterntülle). Den weißen Fondant durchkneten, ausrollen und zwölf ca. 6 cm große Kreise ausstechen. Etwas grüne Lebensmittelgelfarbe in ein Schälchen geben und mit einem feinen Pinsel ein Palmenblatt aufmalen. Die Fondantkreise vorsichtig auf die Cupcakes legen.

*Manche Lebensmittelgelfarben trocknen sehr langsam auf Fondant,
nicht dass ihr beim Vernaschen bunte Finger bekommt.*

# Kokos-Zitronen-
## GUGEL

**Für die Gugel:**
75 g Butter
50 g Zucker
1 TL Vanillezucker
1 Prise Salz
1 Ei (M)
75 g Mehl
½ TL Backpulver
Saft und Abrieb von ½ Bio-Zitrone
30 g Kokosflocken

**Für die Glasur:**
50 Puderzucker
Saft und Abrieb von ½ Bio-Zitrone
20 g Kokosflocken

**Außerdem:**
6er-Silikonbackform für
Mini-Gugelhupfe

Für die leckeren Gugelhupfe die Zutaten aus dem Kühlschrank holen und den Backofen auf 150 °C Ober-/Unterhitze vorheizen. Die zimmerwarme Butter mit Zucker, Vanillezucker und Salz schaumig schlagen. Das Ei unterrühren. Mehl mit Backpulver dazugeben und kurz verrühren. Den Zitronensaft, den Abrieb und die Kokosflocken unter den Teig mischen. Den Teig in der 6er-Mini-Gugelhupfform gleichmäßig verteilen und ca. 20 Minuten backen. Die fertig gebackenen Gugel in der Form auskühlen lassen und auf ein Kuchengitter stürzen. Die Unterseite für einen stabilen Stand begradigen. Den Puderzucker mit ca. 2 EL Zitronensaft vermischen und über die Gugel gießen. Als Deko auf die noch feuchte Glasur den Zitronenabrieb und die Kokosflocken streuen.

*Lassen sich die Gugel schlecht aus der Form lösen, kann man sie für 15 Minuten in den Kühlschrank stellen und es erneut versuchen.*

# Himbeer-Cheesecake-
## EISPRALINEN

*Diese Cheesecake-Eispralinen mit beeriger Überraschung und leckerem
Keksboden sind der kühlende Tortentraum für eine heiße Sommerparty.*
ICE ICE BABY!

**Für die Pralinen:**
12 Himbeeren
40 g Butter
75 g Vollkornkekse
200 g Frischkäse
75 g Mascarpone
100 g Puderzucker
1 TL Vanilleextrakt

**Außerdem:**
hohe Eiswürfelform
Topf
Spritzbeutel
Teelöffel

Zur Vorbereitung die Himbeeren und die Eiswürfelform waschen und trocknen lassen. Die Butter erhitzen und über die zerstoßenen Vollkornkekse gießen. Es entsteht eine sehr dicke Masse, die zuächst auskühlen muss. In einer Schüssel Frischkäse, Mascarpone, Puderzucker und Vanilleextrakt cremig rühren. Je 1 Himbeere mit der offenen Seite nach oben in die Form stellen. Die Masse mit einem Löffel oder einem Spritzbeutel bis ca. 3 mm unter dem Rand einfüllen. Die Form für ca. 1 Stunde in den Gefrierschrank stellen. Dann die Keksmasse als letzte Schicht verteilen und mit einem Teelöffel flach drücken. Wieder für 1 Stunde einfrieren. Vor dem Vernaschen kurz bei Zimmertemperatur antauen lassen.

*Für Kids lassen sich auch toll Smarties in der Creme verstecken!*

# *Kokoskekse* MIT ROYAL ICING
# FLAMINGO, ANANAS

*Das Keksdesign bekommt jetzt einen exotischen Touch:
fein gemahlener Kokos mit aufregender Rumglasur.*

**Für die Kekse:**

200 g Butter
180 g feiner Zucker
1 Prise Salz
1 Ei (M)
350 g Mehl
50 g fein gemahlene Kokosraspel
Mehl zum Ausrollen

**Für das Royal Icing:**

250 g Puderzucker
1 EL Eiweißpulver
1 knapper TL Rumaroma zum
Backen oder Wasser
60 ml kaltes Wasser
Lebensmittelgelfarbe in Gelb,
Rosa und Grün

**Außerdem:**

Keksausstecher
Flamingo und Ananas
3 Spritzbeutel
3 Spritzflaschen
3 Lochtüllen 1 mm Ø
schwarzer Zuckerstift
Zahnstocher

Für den Keksteig die Butter mit dem Zucker cremig rühren, Salz und Ei hinzugeben. Das Mehl mit den gemahlenen Kokosraspeln so lange unterrühren, bis sich der Teig selbstständig von der Schüssel löst. Den Teig zu einem flachen Quader formen und in Frischhaltefolie gewickelt 1 Stunde kalt stellen. Inzwischen den Backofen auf 150 °C Umluft vorheizen. Auf einer Backmatte ein wenig Mehl verteilen, den Teig ca. 3 mm dick ausrollen und die Flamingos und Ananas ausstechen. Die Kekse auf mittlerer Schiene 10–15 Minuten backen. Die Kekse sind fertig, wenn sich der Rand goldbraun färbt.

Für das Royal Icing den Puderzucker und das Eiweißpulver in eine Schüssel sieben, 2–3 EL Wasser und Rumaroma hinzugeben und 2 Minuten verrühren (am besten den Küchenwecker stellen). Das Ergebnis ist eine feste Glasur, die von der Konsistenz her Zahnpasta ähneln sollte. Die Masse gleichmäßig auf drei kleine Schüsseln

verteilen. Mit einem Zahnstocher und Lebensmittelgelfarbe je einen Teil in Rosa, Gelb und Grün einfärben. Das folgende Prozedere bei allen drei Schüsseln anwenden: ⅓ der Masse in einen Spritzbeutel mit Lochtülle füllen. Die Spritzbeutel am oberen Ende mit einem Knoten oder einer Klammer verschließen. Die restlichen ⅔ mit 1½ EL Wasser verdünnen, sodass eine flüssige, joghurtähnliche Konsistenz entsteht. Diese Glasur wird in eine Spritzflasche gefüllt. Ist die Glasur zu flüssig geworden, kann sie mit Puderzucker wieder eingedickt werden. Ist sie noch zu fest, einfach kleine Mengen Wasser einrühren. Über die richtige Handhabung des Spritzbeutels kannst du ab Seite 236 nachlesen.

*Ist die Glasur zu flüssig geworden und du hast aber
keinen Puderzucker mehr, kannst du einfach so lange
rühren, bis die Masse etwas dicker wird.*

Den Keks mit der festen rosa Glasur umranden und mit der festen Glasur die Füße und den Schnabel einzeichnen.

Mit der flüssigen rosa Glasur den Keks ausmalen. Erst am Rand entlang und dann die Mitte ausfüllen. Kleine Luftlöcher mit einem Zahnstocher zerstechen.

Nachdem der Keks 1 Stunde trocknen konnte, mit der festen rosa Glasur einen Flügel aufmalen. Die Kekse über Nacht trocknen lassen und am nächsten Tag mit einem Zuckerstift das Auge und den Schnabel einzeichnen.

Mit der festen gelben Glasur die Form der Ananas aufmalen und mit der festen grünen Glasur die Blätter umranden.

Mit der gelben und grünen Glasur die jeweiligen Flächen ausmalen. Den Keks 1 Stunde trocknen lassen.

Mit der festen gelben Glasur das Muster auf die Ananas malen. Mit der festen grünen Glasur die Blätter skizzieren.

*Die Kekse müssen über Nacht vollständig trocknen. Nicht abdecken oder aufeinanderstapeln.*

# Kokos-Ananas-
## SPIESSCHEN

*Perfekt für die Gartenparty, denn die fruchtigen Spieße mit zartem Baiser
lassen sich ohne Besteck und Kleckerei im Stehen genießen.*

**Für den Biskuit:**
4 Eier (M)
125 g Zucker
1 Päckchen Vanillezucker
120 g Mehl
1 TL Backpulver

**Für die Sahne-Baiser-Creme:**
500 g Ananas
200 ml Sahne
1 Päckchen Sahnesteif
1 Päckchen Vanillezucker
100 g Joghurt
40 g Baisers
40 g Kokosraspel

**Außerdem:**
Backblech
Backpapier
Keksausstecher
Holzspieße

Für den Biskuitteig Eier, Puderzucker und Vanillezucker auf höchster Stufe verrühren, bis die Masse weißlich und cremig ist. Das Mehl mit dem Backpulver in die Masse sieben, unterheben und den Teig auf ein mit Backpapier ausgelegtes Backblech streichen. Im vorgeheizten Backofen bei ca. 190 °C Ober-/Unterhitze ca. 15 Minuten backen. Inzwischen die Ananas in ca. 2 x 2 cm große Stückchen schneiden. Die Sahne mit Sahnesteif und Vanillezucker steif schlagen und den Joghurt unterrühren. Die Baisers klein hacken und mit den Kokosraspeln vorsichtig unter die Sahne heben. Da jeder Backofen anders heizt, mittels der Stäbchenprobe einen Test machen. Den Biskuit auf dem Backblech auskühlen lassen und dann ca. 4 cm große Blüten ausstechen. Die Biskuitblüten mit der Sahne-Baiser-Creme bestreichen und abwechselnd mit den Ananasstücken auf Holzspieße stecken.

*Mit Keksausstechern lassen sich auch andere tolle Motive für
Mottopartys oder Kindergeburtstage ausstechen.*

*Ein Baiser-Rezept findet ihr auch
auf Seite 85 bei den Meringue Kisses.*

Für 6 Gläser
Arbeitszeit ca. 10 Minuten

# Pink Grapefruit
## ON THE ROCKS

**Für den Cocktail:**
3 Grapefruits zum Auspressen
1 Grapefruit zum Dekorieren
2 EL brauner Zucker
4 EL Grand Marnier
1 Spritzer Limettensaft
Eiswürfel

**Außerdem:**
6 Gläser
Strohhalme

Den Saft der Grapefruits auspressen und mit dem braunen Zucker,
dem Grand Marnier und dem Limettensaft vermischen.
Das Gemisch in tolle Gläser gießen mit Eiswürfeln auffüllen.
Aus der übrigen Grapefruit schöne Scheiben schneiden und
diese dekorativ an den Gläsern befestigen.

CHEERS!

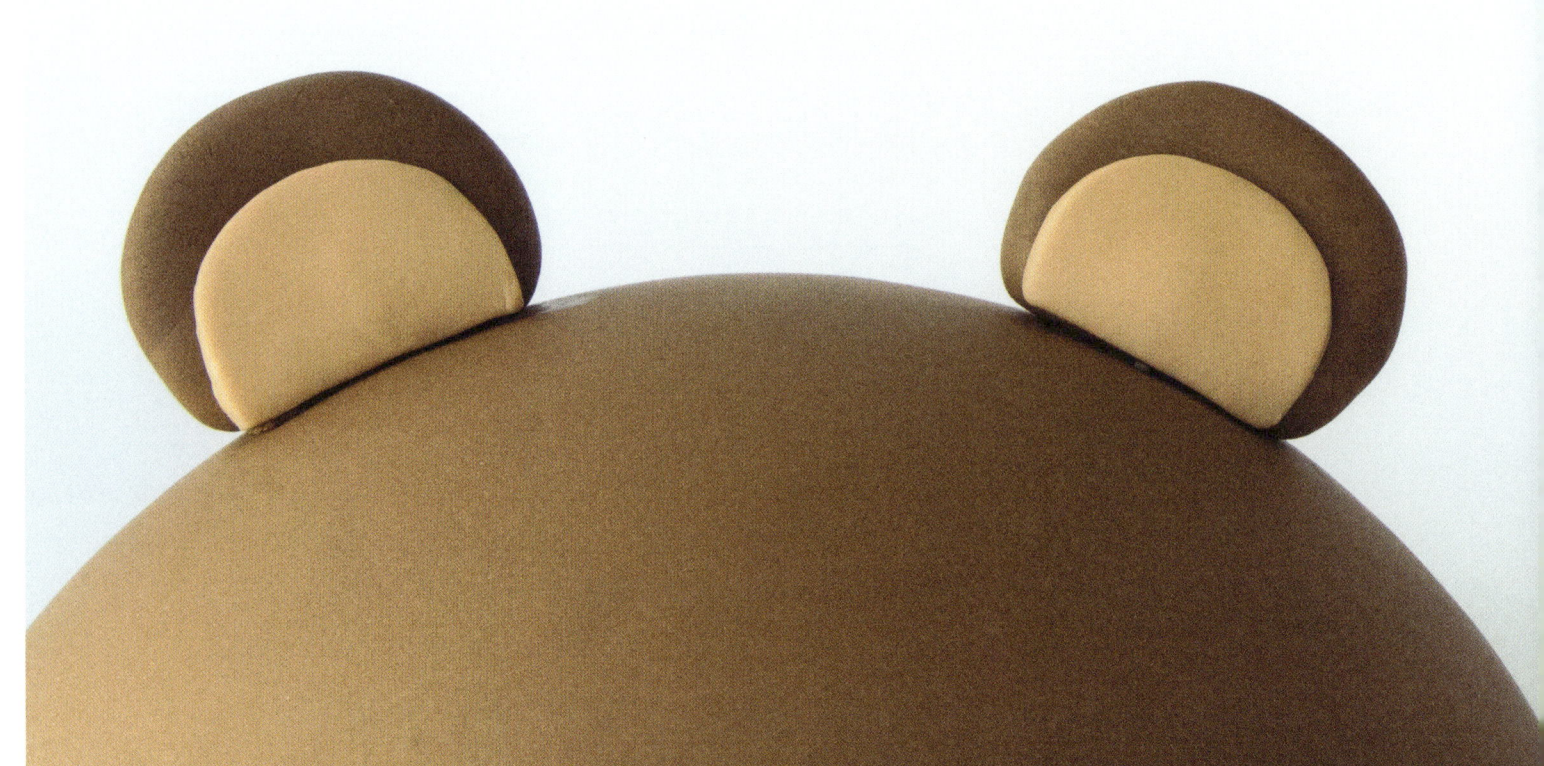

# Let's
# PARTY

Es darf bunt, es darf schokoladig und vor allem kinderleicht zu essen sein.
Für einen kunterbunten Kindergeburtstag habe ich meine Lieblingsrezepte aus der Kindheit
auf den Kopf gestellt, etwas aufgepimpt und mit neuen Backtrends kombiniert.

# Schokoladentorte
## DELUXE

---

*Der ultimative Schokotraum für alle Chocoholics!*
*Ich habe eine kleine Backform gewählt und die Böden zu einer sehr hohen Biskuittorte gestapelt.*
*Wenn ihr das Rezept verdoppelt, habt ihr die richtige Menge für eine klassische Springform mit 26 cm Durchmesser.*
*Nicht, dass bei dieser Schokoparty noch jemand zu kurz kommt.*

## Für die Torte:

6 Eier (M)
180 g Zucker
1 Päckchen Vanillezucker
150 g Mehl
100 g Speisestärke
50 g Kakaopulver
1 TL Backpulver
100 g Schokodrops
1 Glas fein passierte
Aprikosenkonfitüre

## Für die Creme:

150 ml Sahne
200 g Zartbitter-Schokoraspel
100 g Butter
50 g Puderzucker
5 EL Kakaopulver

## Für die Dekoration:

Zuckerstreusel in Weiß,
Pink, Silber

## Außerdem:

2 Springformen (20 cm Ø)
Backpapier
Backspray
Kuchenmesser
Winkelpalette
Spritzbeutel
Sterntülle #1M

Der Schokoladenbiskuitboden ist locker-leicht und eine perfekte Ergänzung zur leckeren Schokobuttercreme. Für die Biskuitmasse zuerst die Eier in einer Schüssel schaumig schlagen, dann Zucker und Vanillzucker einrieseln lassen. Mehl, Speisestärke, Kakao und Backpulver zugeben und auf niedriger Stufe verrühren. Die Schokodrops mit einem Teigschaber unterheben. Die Böden der beiden Springformen mit Backpapier auskleiden, die Ränder mit Backspray einsprühen und den Teig einfüllen. Den Kuchen ca. 30 Minuten bei 180 °C Ober-/Unterhitze backen und in der Form auskühlen lassen. Dann den Kuchen aus der Springform lösen, die Oberseite mit einem Messer begradigen, den Kuchen auf eine Tortenplatte stürzen und mit einem Messer halbieren. Für die Schokoladencreme zuallererst die Sahne zum Köcheln bringen und über die Schokoraspel gießen. 10 Minuten stehen lassen, mit einem Schneebesen verrühren und ca. 30 Minuten abkühlen lassen. Die zimmerwarme Butter mit Puderzucker und Kakao richtig cremig aufschlagen. Die abgekühlte Ganache unter ständigem Rühren zugeben.

Für das Stapeln der Torte den unteren Boden mit Konfitüre und anschließend schön dick mit der Schokoladenbuttercreme bestreichen. Den nächsten Tortenboden aufsetzen, leicht andrücken und das Ganze noch einmal wiederholen. Für die Krümelschicht den Rand rundum dünn mit Creme einstreichen und die Torte für 15 Minuten kalt stellen. Noch einmal dick mit Creme einstreichen und wieder kühlen. Nach Belieben einen Teil der Creme in einen Spritzbeutel mit Sterntülle füllen und den oberen Rand mit Tupfen dekorieren. Den unteren Rand vorsichtig mit Zuckerstreuseln dekorieren.

*Die Schokobuttercreme hält sich gekühlt 4–5 Tage und*
*kann auch eingefroren werden.*

Arbeitszeit ca. 15 Minuten  ⋆  Kühl-/Ruhezeit 1 Stunde

# DIY
## Schokolade

*Mit wenig Aufwand zaubert ihr eure ganz eigene megaleckere Schokolade.
Sie verleiht eurer Tortenkunst das ganz besondere Etwas. In kleine Tütchen verpackt,
ist die selbst gemachte Schokolade auch ein wunderschönes Geschenk!*

**Für die Schokolade:**
400 g weiße Kuvertüre
Lebensmittelgelfarbe in Rosa und Blau
Zuckerperlen, Zuckerstreusel
gehackte Nüsse, Mini-Herzen
(nach Wahl)

**Außerdem:**
Backblech
Backpapier
Topf und Schüssel für Wasserbad
3 Löffel
3 kleine Schüsseln

Die Kuvertüre über einem Wasserbad zum Schmelzen bringen. Auf drei
Schüsseln verteilen und nach Belieben einfärben, z. B. Rosa und Hellblau. Die eingefärbte Schokolade auf ein mit Backpapier ausgelegtes Backblech gießen und mit einem Löffel kunterbunt vermischen. Zuckerperlen, gehackte Nüsse oder andere Toppings nach Belieben darauf verteilen.
Das Backblech an einen kühlen Ort stellen und die Schokolade mindestens
1 Stunde abkühlen lassen. In Stücke brechen und damit Torten und Cupcakes
dekorieren.

*Gummibärchen, Popcorn und Schokoflocken sind auch tolle Toppings, die mal
etwas aus dem Rahmen fallen.*

# BÄRIGER
## *Tortentraum*

*Beim Anblick dieses zuckersüßen Bärenmädchens geht einem das Herz auf.
Und es schmilzt förmlich dahin, wenn man merkt, dass es sich bei der leckeren Dekoration
um Schokoladenfondant handelt. Yummie!*

**Für die Torte:**
300 g Zucker
300 g Butter
1 Prise Salz
5 Eier (M)
300 g Mehl
1 TL Backpulver
40 g Kakao
100 ml Milch

**Für die Buttercreme:**
500 g Himbeeren
300 g Butter
100 g Puderzucker
1 Päckchen Vanille-Puddingpulver

**Für die Dekoration:**
500 g Schokoladen-Fondant
50 g weißer Fondant
100 g rosa Fondant
50 g schwarzer Fondant

**Außerdem:**
Halbkugelbackform 20 cm Ø
Backspray
Backmatte
Nudelholz oder Fondantroller
Fondantglätter
scharfes Messer
Pinsel
Schale mit kaltem Wasser

Auf Los geht's los! Den Backofen auf 180 °C Ober-/Unterhitze vorheizen und die Halbkugelbackform einfetten. Zucker und Butter schaumig rühren, Salz hinzugeben, Eier nach und nach unterrühren. Mehl, Backpulver und Kakaopulver in die Schüssel sieben, verrühren und die Milch ergänzen. Den Kuchen ca. 1 Stunde auf mittlerer Schiene backen. Der Stäbchentest verrät, wann der Kuchen durch ist.

Den Kuchen gut abkühlen lassen und aus der Form lösen. Für die Buttercreme die Himbeeren pürieren, sieben und aufkochen. Das Puddingpulver mit dem Zucker und 3 EL des Himbeerpürees anrühren und unter die heißen Himbeeren rühren. Mit Frischhaltefolie dicht an der Oberfläche abdecken und abkühlen lassen. Die Butter cremig weiß rühren und die abgekühlte Himbeermasse nach und nach unterrühren. Die Unterseite des Kuchens begradigen und den Tortenboden mit einem langen Messer 2-mal waagrecht durchschneiden.

Die Tortenböden mit Buttercreme bestreichen und stapeln. Als Krümelschicht den Rand der Torte ebenfalls dünn mit Creme bestreichen und dann für 20 Minuten kalt stellen. Danach die ganze Torte mit der restlichen Creme dick einstreichen und erneut kühlen.

*Wenn du keine Halbkugelbackform zur Hand hast, kannst du den Teig auch in
zwei Springformen backen, die Kuchen aufeinandersetzen und nachträglich in
eine halbrunde Form schneiden.*

# DEKOANLEITUNG

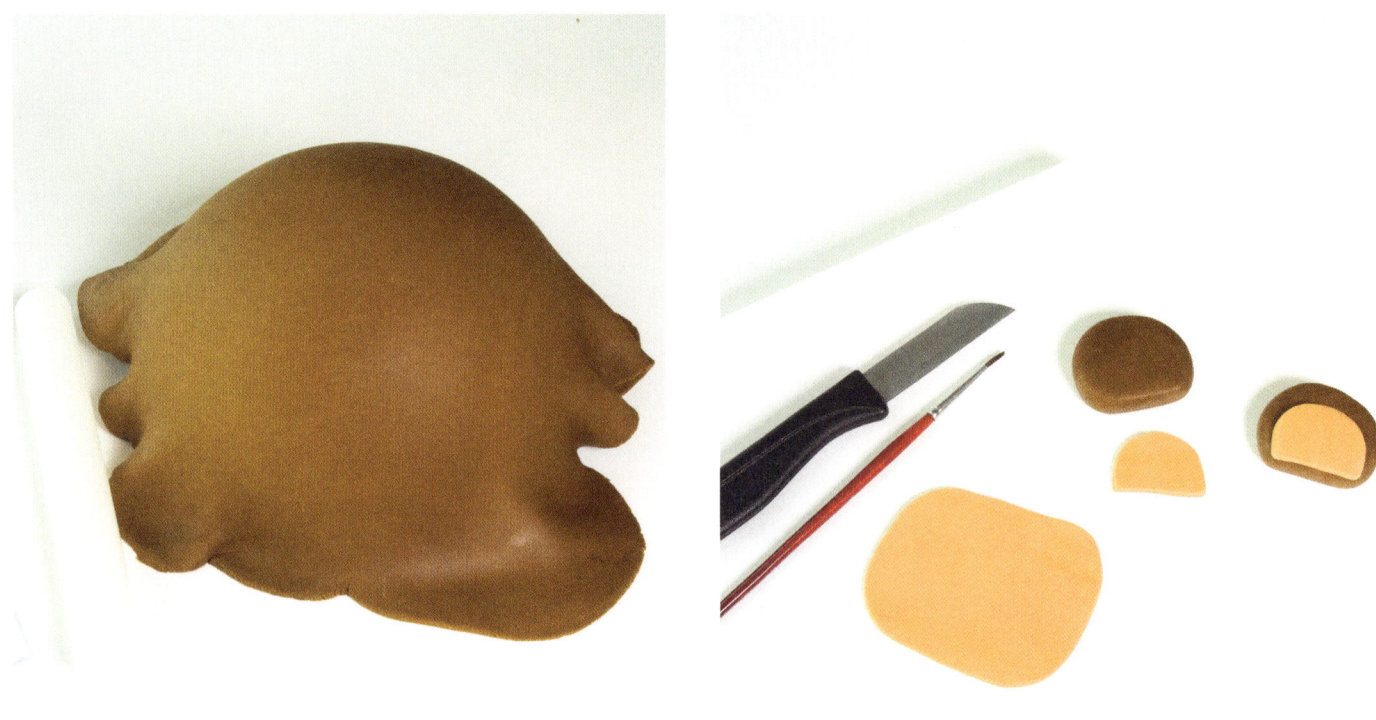

Den Schokoladenfondant entsprechend der Backformgröße ausrollen. Die gekühlte Torte mit dem Fondant überdecken und mit dem Fondantglätter glatt modellieren.

Aus den Resten des Schokoladenfondants die Ohren formen. Für das Innere weißen und braunen Fondant mischen.

Schnauze und Pupillen aus dem weißen, die Augen und den Mund aus dem schwarzen Fondant formen. Alle Details mit einem feuchten Pinsel ankleben.

Für die Schleife aus dem rosa Fondant einen 25 x 3 cm großen Streifen schneiden. Für die Schleifenbögen zwei 10 x 3 cm große Streifen ausschneiden, zusammenlegen und mittig festkleben. Einen 5 cm breiten Streifen rund um das Mittelstück kleben.

# *Cheesecake*
## BITES

**Für den Teig:**
125 g Butter zzgl. Butter
für die Form
50 g Zucker
1 Ei (M)
200 g Mehl
50 g Kakaopulver
½ Päckchen Backpulver

**Für den Quarkbelag:**
150 g Zucker
2 Eier (M)
1 Prise Salz
2 EL Speisestärke
1 TL Vanilleessenz
500 g Quark
100 g Zuckerstreusel

**Außerdem:**
Backblech mit hohem Rand
(oder Lasagneform)

Als Erstes heizen wir den Backofen auf 150 °C Ober-/Unterhitze vor. Für den Boden Butter, Zucker und Ei verrühren. Das Mehl mit Kakao und Backpulver dazugeben und alles zu einem festen Teig rühren.

Ein Backblech mit hohem Rand einfetten, die Masse darin verteilen und mit den Fingern andrücken. Für den Belag Zucker, Eier, Salz, Speisestärke und Vanilleessenz verrühren, den Quark und 50 g Zuckerstreusel unterheben. Die Masse auf dem Backblech verteilen und auf mittlerer Schiene 30 Minuten backen.

Für 2 Stunden in den Kühlschrank stellen und mit den restlichen Zuckerstreuseln bestreuen. In gleich große Stücke schneiden und vernaschen.

*Wenn es ganz besonders schnell gehen soll, für den Boden einfach
450 g gemahlene Vollkornkekse mit 150 g geschmolzener Butter vermischen.*

YUMMIE! Meine Oma wird sich freuen: ihr geliebtes Käsekuchenrezept neu interpretiert und zwar als cooles Fingerfood! Cheesecake Bites schmecken richtig gut gekühlt am besten.

*Du kannst den Kuchen schon am Vortag backen, dann kann auch die Konfitüre richtig durchziehen.*

# ICE
## *Surpise*

*Diese Eiswaffel hat's in sich. Nicht nur, dass es sich hierbei um einen abgewandelten Cake-Pop handelt, nein, in ihrem Inneren steckt tatsächlich mehr: Eine zusätzliche süße Überraschung.*

## Für den Kuchen:

110 g Butter
2 Eier (M)
90 g Zucker
1 Prise Salz
125 g Mehl
2 TL Backpulver
1 Päckchen Vanille-Pudding-pulver
2 EL Milch
1 Glas fein passierte Erdbeerkonfitüre

## Für die Dekoration:

200 g Candy Melts oder weiße Schokolade
Lebensmittelgelfarbe in Blau
1 EL Kokosfett
10 Eiswaffeln
Smarties
Zuckerstreusel

## Außerdem:

Kastenform
Backspray
Halterung für die Eiswaffeln
Topf und Schüssel für Wasserbad

Als Basis für die Cake-Pops benötigen wir einen einfachen Rührteig, den wir z. B. in einer Kastenform backen. Für den Teig Butter und Eier ca. 1 Stunde vor dem Backen aus dem Kühlschrank nehmen und bei Raumtemperatur lagern. Den Backofen auf 180 °C Umluft vorheizen. Butter, Zucker und Salz schaumig rühren und die Eier dazugeben. Das Mehl in einer zweiten Schüssel mit dem Backpulver und dem Vanillepudding-Pulver mischen und in kleinen Mengen unter die Butter-Zucker-Mischung rühren. Am Ende die Milch hinzugeben und verrühren, bis ein satter Teig entsteht. Die Kastenform einfetten, den Teig einfüllen und bei ca. 180 °C Ober-/Unterhitze etwa 40 Minuten backen (Stäbchentest). Den fertigen Kuchen in der Backform abkühlen lassen und anschließend auf ein Kuchengitter stürzen. Zur weiteren Verarbeitung muss der Kuchen gut ausgekühlt sein. Harte Stellen an den Rändern sowie an der Oberseite abschneiden und vernaschen. Den Kuchenteig zwischen beiden Handflächen in eine Schüssel reiben und zusätzlich mit dem Mixer oder der Küchenmaschine zerkleinern – je feiner, desto besser. Nach und nach Konfitüre dazugeben, bis ein richtig saftiger Teig entsteht. Die Masse ca. 20 Minuten kühlen. In der Zwischenzeit die Candy Melts in der Mikrowelle oder über einem Wasserbad schmelzen und das Kokosfett einrühren, um die Glasur geschmeidiger zu machen. Den Teig aus der Kühlung holen und ca. 10 maximal 4 cm große Kugeln formen, die genau in die Eiswaffeln passen. Die Eiswaffeln in die flüssige Glasur aus Candy Melts tauchen, mit Smarties füllen und darauf die Kugel kleben. Trocknen lassen oder 10 Minuten in den Kühlschrank legen. Wenn die Kugel starr und fest sitzt, die Eiswaffel vorsichtig mit der Glasur übergießen, über einer Schüssel mit Zuckerperlen bestreuen und in der Halterung trocknen lassen. Sobald die Ice-Pops getrocknet sind, können sie vernascht werden. Mal schauen, was sich im Inneren verbirgt.

*Eine alte Cornflakes-Schachtel mit Löchern versehen und dann als Halterung nehmen.*

Für ca. 10 Cookie-Pops
Arbeitszeit ca. 30 Minuten  *  Back-/Kühlzeit ca. 1 ½ Stunden

# *Rainbow*
# COOKIE-POPS

*Bunt, cool, lecker und so einfach herzustellen – ideal für Kids!*

**Für die Kekse:**
200 g Butter
180 g feiner Zucker
1 Prise Salz
1 Ei (M)
400 g Mehl zzgl. Mehl zum Ausrollen
Lebensmittelgelfarbe in Rosa und Blau

**Außerdem:**
Backblech
Backpapier
10 Eisstiele

Für die Spiral-Cookies brauchen wir einen ganz einfachen Mürbeteig, den wir dann aber kunterbunt einfärben. Den Backofen auf 150 °C Umluft vorheizen. Die Butter, Zucker, Salz und Ei verrühren. Das Mehl kurz unterkneten. Den fertigen Teig in drei gleich große Stücke teilen und je eines in Rosa und Blau einfärben, ein Teil bleibt ungefärbt. Alle drei Teigstücke zu flachen Quadern formen, in Frischhaltefolie verpacken und 1 Stunde kalt stellen. Auf einer bemehlten Arbeitsfläche alle Teige ca. 2 mm dünn ausrollen. Nun alle drei ausgerollten Teige übereinanderlegen. Ganz unten Blau, dann Rosa, dann der helle Teig. Die Kanten oben und unten mit einem Messer gerade abschneiden und den Teig von unten nach oben einrollen. Es entsteht eine lange, dicke Rolle. Die beiden Enden gerade abschneiden und die Rolle in ca. 1 cm dicke Scheiben schneiden. Die Eisstiele vorsichtig in den Keksteig stecken. Wenn es zu schwer geht, mit einem Messer vorschneiden. Die Kekse vorsichtig auf das Backblech legen und auf mittlerer Schiene 10–15 Minuten backen. Nach dem Auskühlen die Cookie-Pops in einem Glas servieren.

# Waffel-Pops

**Für die Waffeln:**
70 g Butter
50 g Zucker
2 Eier (M)
60 g Vollkornmehl
40 g feine Haferflocken
100 ml Buttermilch

**Für die Dekoration:**
1 Tafel weiße Schokolade
1 Tafel Vollmichschokolade
Lebensmittelgelfarbe in Blau
Zuckerstreusel
Nüsse und Früchte

**Außerdem:**
Waffeleisen
15 Eisstiele
Backspray
Topf
2 Schüsseln für Wasserbad
Backpapier

Zuerst alle Zutaten bereitstellen und das Waffeleisen vorheizen. Für den Teig Butter und Zucker cremig rühren und die Eier dazugeben. Das Mehl, die Haferflocken und die Buttermilch unterrühren. Das Waffeleisen mit Backspray einsprühen, je nach Waffeleisen 1–2 EL Teig verteilen und goldbraun backen. Die frischen Waffeln trennen, auf die Eisstiele stecken und auf Backpapier legen. Die Schokoladentafeln nacheinander über einem Wasserbad schmelzen. Die weiße Schokolade hellblau einfärben. Die flüssigen Schokoladen mit einem Löffel über den Waffeln verteilen und gleich danach mit Zuckerstreuseln, Nüssen, Früchten und was einem sonst noch einfällt bestreuen.

# Dark-Chocolate-Chip-
## COOKIES

### SCHOKOLADE, SCHOKOLADE UND NOCHMALS SCHOKOLADE.

*Je dunkler, desto besser.*
*Diese Chocolate-Chip-Cookies bekommen die maximal geballte Ladung an Schokolade,*
*die ein so kleiner Keks überhaupt fassen kann. Das verwendete Meersalz sorgt*
*für eine Geschmacksexplosion im Mund. Süß und salzig, mhhhhhhh-lecker.*
*Das Rezept nimmt zwar etwas mehr Zeit in Anspruch, aber die Geduld wird belohnt.*

**Für die Kekse:**

100 g Butter
80 g Zucker
80 g brauner Zucker
1 Ei (M)
1 TL Vanilleessenz
1 Prise Salz
125 g Mehl
50 g Kakaopulver
1 TL Backpulver
30 ml Milch
180 g Extra Dark Chocolate
Chunks oder Schoko-Drops

**Für die Dekoration:**

Meersalz und 20 g Chocolate
Chunks zum Bestreuen

**Außerdem:**

2 Backbleche
Backpapier

Den Backofen auf 180 °C Umluft vorheizen und zwei Backbleche mit Backpapier vorbereiten. Die Butter aufschlagen und den Zucker unterrühren. Ei, Vanille und Salz dazugeben und langsam verrühren. Die trockenen Zutaten wie Mehl, Kakao und Backpulver unterrühren. Die Milch einrühren und die Chocolate Chunks unterheben. Der Keksteig ist jetzt sehr dick und klebrig. Die Schüssel abdecken und für 3 Stunden in den Kühlschrank stellen, gerne auch über Nacht.

Den Keksteig aus dem Kühlschrank holen und für 30 Minuten bei Zimmertemperatur stehen lassen. Aus dem Teig formen wir nun 18 Kugeln in einer Größe von ca. 2 cm. Die Kugeln auf die Backbleche setzen und ca. 10 Minuten backen. Die Cookies herausholen und sofort mit Meersalz und den übrigen Chocolate Chunks bestreuen, die auf den heißen Cookies sogar noch leicht schmelzen. Sieht toll aus. Die Cookies zum Auskühlen auf ein Kuchengitter setzen.

*Die gebackenen Cookies lassen sich für ca. 3 Monate einfrieren.*
*Der Keksteig hält im Kühlschrank ca. 2–3 Tage.*

Für ca. 50 Stück
Arbeitszeit ca. 10 Minuten  *  Kühlzeit ca. 1 Stunde

# Chocolate
# FUDGE

*Man kann sagen, was man will, dieser Fudge macht einfach süchtig.*
*Genau das Richtige für die Chocoholics unter euch. Fudge ist cremig-weich wie Toffee*
*und wird in kleinen Konfektstückchen serviert. Da ein richtiger Fudge ein Zuckerthermometer*
*und viel Geduld erfordert, zaubern wir uns in wenigen Schritten*
*die Babyversion vom großen Bruder.*

**Für den Fudge:**
250 g Schokoraspel
200 ml gezuckerte Kondensmilch
1 TL Vanilleextrakt
50 g gehackte Walnüsse

**Außerdem:**
Backform mit hohem Rand
Backpapier
Topf

Die Zubereitung ist wirklich sehr simpel: Zuerst eine Backform mit hohem Rand mit Backpapier auskleiden. Schokoraspel und Kondensmilch in einen Topf geben und langsam auf niedriger Stufe erhitzen. So lange umrühren, bis die Schokolade vollständig geschmolzen ist. Vanilleextrakt und Walnüsse unterrühren. Die Masse in die Backform gießen und für ca. 1 Stunde in den Kühlschrank stellen. Der Fudge ist fertig, wenn er richtig fest ist.

Aus der Form stürzen, in ca. 2 x 2 cm große Würfel schneiden und gekühlt servieren.

# CREMIGES *Joghurt-Dessert* MIT HAFERFLOCKENKEKSEN

**Für den Keksteig:**
175 g Butter
150 g Zucker
1 Prise Salz
2 Eier (M)
300 g Vollkornmehl
150 g fein gemahlene Haferflocken

**Für die Creme:**
200 ml Sahne
200 g Frischkäse
1 TL Vanilleessenz
50 g Puderzucker
200 g Joghurt
Lebensmittelfarbe in
Blau und Grün

**Für die Dekoration:**
Zuckerperlen

**Außerdem:**
2 Backbleche
Backpapier
6 Gläser

Den Backofen auf 160 °C Umluft vorheizen. Butter, Zucker, Salz und Eier verrühren. Mehl und Haferflocken dazugeben. Eine Kugel formen und diese ausrollen. Den ausgerollten Teig einfach zerschneiden oder in kleine Stücke reißen und auf zwei Backbleche mit Backpapier verteilen. Den Keksteig ca. 12 Minuten backen und auskühlen lassen.

Die Kekse in einem Mixer oder in einem Tiefkühlbeutel mit dem Nudelholz zerkleinern. Gläser bereitstellen. Die Sahne steif schlagen. In einer zweiten Schüssel den Frischkäse cremig rühren, Vanille, Puderzucker und Joghurt unterrühren. Die Sahne unterheben. Die Hälfte der Masse in eine zweite Schüssel füllen. Die eine Masse mit Grün und die andere mit Blau einfärben, nur kurz rühren. In die Gläser zuerst Keksbrösel füllen, dann einen Esslöffel grüne Creme, wieder Keksbrösel, einen Esslöffel blaue Creme und als Topping Zuckerperlen darüberstreuen oder mit Nüssen und Honig garnieren.

*Wenn es schnell gehen muss, einfach eine Packung Vollkornkekse zerbröseln.*

# COOKIES & CREAM
## *Keksbecher*

*Hier wird alles bis zum letzten Krümel vernascht.*
*Das selbst gemachte Cookies-&-Cream-Eis wird im leckeren Keksbecher mit*
*Schokoladenstückchen serviert. Himmlisch.*
*Wir starten mit dem Keksbecher und bereiten im zweiten Schritt die Eiscreme vor.*

**Für den Keksbecher:**
200 g Butter
180 g feiner Zucker
1 Ei (M)
1 Prise Salz
400 g Mehl zzgl. Mehl
zum Ausrollen
100 g Schokodrops

**Für das Eis:**
450 ml Sahne
380 ml Kondensmilch
1 Bourbon-Vanilleschote

**Außerdem:**
Muffinblech
Backspray
Backpapier
Müslischüssel
Eisportionierer oder Löffel

Zur Vorbereitung für die Keksbecher ein sauberes Muffinblech umdrehen und mit Backspray einsprühen. Für den Keksteig Butter, Zucker, Ei und Salz verrühren, das Mehl und die Schokodrops dazugeben (ein paar zum Dekorieren zur Seite legen). Den Teig 30 Minuten im Kühlschrank lagern. Inzwischen den Backofen auf 150 °C Umluft vorheizen. Den gekühlten Keksteig auf einer bemehlten Arbeitsfläche ca. 2–3 mm dick ausrollen und mithilfe einer Müslischüssel Kreise von ca. 10 cm Durchmesser ausstechen. Die Kreise über die Rundungen des Muffinblechs drücken. Auf mittlerer Schiene ca. 15 Minuten backen. Inzwischen die Reste vom Keksteig, so wie sie sind, auf einem mit Backpapier ausgelegten Backblech sammeln und ca. 10 Minuten backen. Die Keksbecher ebenso wie die Keksreste sind fertig, wenn sich der Rand goldbraun färbt. Auf dem Blech auskühlen lassen und die Becher auf ein Kuchengitter stellen.

Für das Eis müssen alle Zutaten direkt aus dem Kühlschrank kommen. Zuerst die Sahne richtig steif schlagen und dann auf kleiner Stufe die Kondensmilch und das Mark der Vanilleschote unterrühren. Die gebackenen Keksreste klein hacken und unterheben. Die Eiscreme über Nacht einfrieren.

Zum Servieren das Eis mit einem Eisportionierer oder Löffel in die Keksbecher füllen und mit übrigen Keksresten und Schokodrops dekorieren.

*Wer die Abwechslung liebt, kann anstelle der Keksreste*
*auch Oreo-Kekse oder andere Sorten verwenden.*

161

# Herbst
# POESIE

Der Herbst ist die Jahreszeit zum Träumen und Genießen.

Die Zeit, in der wir in Erinnerungen schwelgen.

Tiere nutzen den Herbst, um einen Futtervorrat für den Winter anzulegen.

Warum sollten wir dann nicht auch unseren Vorrat an leckeren Kuchen und

zarten Törtchen vorbereiten? In diesem Kapitel dreht sich alles um die

süße Sünde Schokolade – mal mit Nüssen, mal mit Mohn, mit Feigen

und essbarem Blattgold, Karamell und Fleur de Sel.

# GOLDIGE
## *Sacher-Törtchen*

**Für die Törtchen:**
150 g Zartbitter-Kuvertüre
8 Eier (M)
450 g Butter zzgl. Butter
für die Form
450 g Zucker
2 Päckchen Vanillezucker
8 EL Rum
225 g Mehl
75 g Kakao
2 TL Backpulver
225 g fein gemahlene Mandeln

**Für die Glasur:**
1 Glas fein passierte
Aprikosenkonfitüre
300 g Zartbitter-Kuvertüre

**Für die Dekoration:**
100 g weißer Fondant
goldene Lebensmittelpulverfarbe
Wodka
Speisestärke

**Außerdem:**
Springform 26 cm Ø
Backpinsel
scharfes Messer
feiner Pinsel

Den Backofen auf 160 °C Ober-/Unterhitze vorheizen, eine Springform (26 cm Durchmesser) einfetten und den Boden mit Backpapier auslegen. 150 g Zartbitter-Kuvertüre über einem Wasserbad schmelzen. Für den leckeren Schokoladenteig die Eier trennen. Das Eiweiß zu einem festen Eischnee schlagen. Die Butter mit Zucker, Vanillezucker und Rum schaumig schlagen und das Eigelb hinzugeben. Mehl, Kakao und Backpulver sieben, mit den Mandeln vermischen und unter die Butter-Zucker-Mischung rühren. Die flüssige Kuvertüre langsam eingießen und verrühren. Zuletzt den Eischnee vorsichtig mit dem Teigschaber unterheben. Die Masse in die Springform gießen und 60–70 Minuten backen. Der Stäbchentest verrät, wann der Kuchen durch ist. Den Kuchen auskühlen lassen und aus der Form lösen.

Die Oberseite begradigen und den Tortenboden mit einem langen Messer zweimal waagrecht durchschneiden. Wir erhalten somit drei Böden. Mit einem runden Ausstecher oder Dessertring (6–8 cm Durchmesser) 18 Kreise ausstechen. Davon sechs Kreise auf ein Kuchengitter legen und darunter Alufolie ausbreiten. Die Böden mit Aprikosenkonfitüre bestreichen und jeweils einen Kreis daraufsetzen. Diesen wieder mit Aprikosenkonfitüre bestreichen und jeweils die letzten sechs Kreise als oberste Schicht darauflegen. Die Törtchen rundherum mit Konfitüre bestreichen und 30 Minuten kühlen. Die Zartbitter-Kuvertüre über einem Wasserbad schmelzen und die Törtchen mit der Hälfte übergießen, auf allen Seiten verstreichen. Kurz antrocknen lassen. Danach die zweite Hälfte auf dieselbe Weise verteilen, so entsteht eine knackige Glasur.

*Ihr könnt das Rezept auch ganz klassisch in einer Tortenform zubereiten.*

*Ein süßer Gruß aus meiner Heimat Wien. Die legendäre Sachertorte habe ich in Törtchenform abgewandelt und mit einer feinen goldenen Herbstdekoration geschmückt, die an die wunderschönen K.u.K.-Zeiten Wiens erinnern.*

Für die Dekoration den Fondant durchkneten und 3 mm dick ausrollen. Speise- oder Backstärke hilft, dass der Fondant auf der Arbeitsfläche nicht kleben bleibt. Mit einem Messer kleine Blätter formen und die Maserung mit einem Zahnstocher in die Oberfläche drücken. Einen ca. 6 cm langen und 2 cm breiten Streifen abschneiden. Diesen noch dünner ausrollen und in der Mitte falten, von links nach rechts aufrollen. Es entstehen süße kleine Blümchen. Das Goldpulver mit ein paar Tropfen Wodka zu einer dickflüssigen Glasur anrühren. Die Fondantdekoration damit einstreichen und trocknen lassen. Mit einem Tupfer Konfitüre oder Lebensmittelkleber die Dekoration auf den Törtchen befestigen.

*Mit Wasser würde die Goldfarbe verlaufen. Wodka trocknet sehr schnell und verflüchtigt sich.*

*In Österreich sagt man Eiklar anstelle von Eiweiß und Staubzucker anstelle von Puderzucker.*

Für 1 Torte (26 cm Ø)
Arbeitszeit ca. 30 Minuten  *  Back-/Kühlzeit 1 Stunde

# *Mohntorte* MIT
# SAHNEHAUBE

**Für die Torte:**
150 g Butter zzgl. Butter  für die Form
100 g Zucker    25 g gemahlene Mandeln    3 Eier (M)
150 g Mehl    1 TL Backpulver    1 Packung Backmohnmischung

**Für den Krokant:**
20 g Butter    30 g Zucker    25 g gemahlene Mandeln

**Für das Topping:**
500 ml Sahne    1 Päckchen Sahnesteif
1 Päckchen Vanillezucker

**Außerdem:**
Springform 26 cm Ø
Spritzbeutel, Sterntülle #1M

Für diese himmlische Mohntorte den Backofen auf 160 °C Umluft vorheizen, den Rand einer Springform einfetten und ihren Boden mit Backpapier bespannen. Da der Krokant abkühlen muss, beginnen wir mit diesem. Butter schmelzen mit Zucker und den Mandeln vermischen. Bei geringer Hitze golden anrösten, auf Backpapier stürzen und abkühlen lassen. Für den Boden die Eier trennen. Die weiche Butter mit 60 g Zucker schaumig rühren und das Eigelb untermischen. Das Eiweiß steif schlagen und dabei 40 g Zucker einrieseln lassen.

Mehl und Backpulver der Butter-Zucker-Mischung zugeben und verrühren. Die Backmohnmischung unterrühren und den Eischnee langsam unterheben. Die Masse in die Form gießen. Die Torte ca. 25 Minuten backen, auskühlen lassen und auf eine Tortenplatte stellen.

Während die Torte auskühlt, die Sahne mit Sahnesteif und Vanillezucker steif schlagen. In einen Spritzbeutel mit Spritztülle füllen und Röschen aufspritzen. Mit dem ausgekühlten Krokant veredeln.

# Cranberry-Haferflocken-
## COOKIES

*In weniger als 20 Minuten zaubern wir leckere Haferflocken-Cookies.*
*Kein Teigkühlen, kein Kochen.*

**Für die Kekse:**
150 g Butter
80 g weißer Zucker
80 g brauner Zucker
1 Ei (M)
1 Päckchen Vanillezucker
1 Prise Salz
250 g Vollkornmehl
100 g Haferflocken
100 g getrocknete Cranberries

**Außerdem:**
2 Backbleche
Backpapier
2 Esslöffel

Für die Cookies den Backofen auf 175 °C Umluft vorheizen. Butter und Zucker schaumig rühren. Ei, Vanillezucker und Salz dazugeben, weiterrühren und dabei das Mehl langsam dazugeben. In den Teig Haferflocken und klein gehackte Cranberrys mischen. Mit den Händen oder zwei Esslöffeln 20 Kugeln formen und mit großem Abstand auf zwei Backbleche mit Backpapier verteilen. Für das Muster mit einem Pfannenwender auf die Kekse drücken. Die Cookies 10–15 Minuten backen und auskühlen lassen.

*Nicht erschrecken, die Cookies sind noch weich, auch wenn sie schon*
*fertig gebacken sind. Nach dem Auskühlen werden sie fester.*

# G'sundheitskuchen IM
## VERGOLDETEN SCHOKOLADENMANTEL

*Unser liebstes Familienrezept. Von der Optik her gleicht er einem klassischen Gugelhupf.*
*Bei uns heißt er aber G'sundheitskuchen. Warum? Na ja, weil er rundum glücklich macht*
*und wer glücklich ist, ist meist auch pumperlgesund.*

**Für den Kuchen:**
250 g Butter
250 g Zucker
1 Päckchen Vanillezucker
1 Prise Salz
4 Eier (M)
500 g Mehl
1 Päckchen Backpulver
50 g Kakaopulver
100 ml Milch

**Für die Dekoration:**
1 großer Becher Kuchenglasur,
zartbitter
essbares Blattgold
Feigen

**Außerdem:**
Gugelhupfform
Gabel
Pinsel oder Pinzette

Let's gugel! Den Backofen auf 180 °C Ober-/Unterhitze vorheizen und eine Gugelhupfform einfetten. Butter, Zucker, Vanillezucker und Salz schaumig rühren und die Eier einzeln unterrühren. Mehl und Backpulver in die Schüssel sieben, die Milch dazugeben und alles zu einem glatten Teig verarbeiten. Die Hälfte des Teiges in die Form gießen. Die restliche Masse mit dem Kakaopulver verrühren und ebenso in die Form gießen. Mit einer Gabel die beiden Schichten ein paar Mal miteinander verquirlen, so entsteht eine tolle Gugelhupfmusterung. Den G'sundheitskuchen ca. 1 Stunde backen (Stäbchentest).

Ein paar Minuten in der Form auskühlen lassen und stürzen. Die Unterseite begradigen, damit er einen stabilen Stand hat.

Die Schokoladenglasur laut Packungsanleitung schmelzen und über den Kuchen gießen. Sobald die Schokolade getrocknet ist, das essbare Blattgold vorsichtig mit einem Pinsel oder einer Pinzette auftragen. Mit Feigen herbstlich dekorieren. Wem es schmeckt, der kann noch einen Klacks Sahne dazu servieren.

*Abgeschnittene Kuchenreste können für Cake-Pops oder ein anderes leckeres Dessert verwendet werden.*

# *Apfelkompott* MIT ZIMTSTANGEN

*Kein klassisches Backrezept, aber eine wundervolle Ergänzung
an einem verregneten Herbsttag.
Auf dem Sweet Table kann das Kompott in der
Bowleschale angeboten werden.*

**Für das Kompott:**
1 kg weiche Äpfel
60 g Zucker
6 Nelken
2 Zimtstangen
1 l Wasser

Als Vorbereitung die Äpfel schälen und achteln. Diese zusammen mit Zucker, Nelken, Zimtstangen und Wasser weich kochen. Das Apfelkompott etwas abkühlen lassen und lauwarm servieren.

Für 1 Tarte 26 cm Ø
Arbeitszeit ca. 30 Minuten ∗ Back-/Kühlzeit 25 Minuten

# Tarte au Chocolat MIT
## KARAMELL UND FLEUR DE SEL

---

*Das gewisse Extra hat diese Tarte au Chocolat:*
*einen saftig schokoladigen Kern im Inneren, umhüllt von verführerischem Karamell und*
*überraschendem Fleur de Sel. Genau das Richtige für alle, die sich nicht zwischen*
*süß und salzig entscheiden können.*

**Für die Tarte:**
200 g Butter
200 g Zartbitter-Schokolade
4 Eier (M)
130 g Puderzucker
30 g Mehl
30 g Kakaopulver
30 g Speisestärke

**Für das Topping:**
50 g Zucker
20 g Butter
30 ml Sahne
Fleur de Sel

**Außerdem:**
Tarteform
Topf und Schüssel für Wasserbad
kleiner Topf
Backspray

Den Backofen auf 160 °C Ober-/Unterhitze vorheizen und eine Tarteform mit Backspray einsprühen. Die Butter mit der Zartbitter-Schokolade über dem Wasserbad schmelzen und zur Seite stellen. Die Eier und den Puderzucker cremig rühren und dabei die geschmolzene Butter-Schokoladen-Mischung zugeben. Die Mehl-Kakao-Stärke-Mischung langsam unterheben und aufpassen, dass keine Klümpchen entstehen. Dann die Schokoladenmasse in die Backform gießen, ca. 20 Minuten auf mittlerer Schiene im Ofen backen und auskühlen lassen.

Für das Topping den Zucker in einem Topf bei mittlerer Hitze schmelzen. Du kannst vorsichtig umrühren, wenn du siehst, dass der Zucker am Rand karamellisiert. Warten, bis der Zucker eine goldbraune Farbe bekommt, dann schnell die Butter hinzugeben und rühren, bis eine schöne Creme entsteht. Den Topf vom Herd nehmen und langsam die Sahne unterrühren. 30 Minuten abkühlen lassen. Mit einem Löffel die Karamellsauce über die Tarte au Chocolat tröpfeln und mit Fleur de Sel bestreuen.

# *Schokoladenkekse* MIT ROYAL ICING
# BAMBI UND BLÄTTER

---

*Dieses Keksdesign erinnert mich an einen Waldspaziergang, bei dem noch letzte Herbstsonnenstrahlen*
*durch die Äste blitzen, während wir über raschelnde Blätter laufen und uns in dicke Wollpullis kuscheln.*
*Vielleicht begegnet uns sogar ein kleines Reh, das rein optisch dieses warme Farbenspiel*
*aus goldenem Orange, leuchtendem Rot und samtigem Braun um eine weitere Nuance bereichert.*

**Für die Kekse:**
350 g Mehl zzgl. Mehl
zum Ausrollen
50 g Kakaopulver
200 g Butter
1 Prise Salz
180 g feiner Zucker
1 Ei (M)

**Für das Royal Icing:**
500 g Puderzucker
2 EL Eiweißpulver
150 ml kaltes Wasser
Lebensmittelfarbe in Gelb,
Orange und Braun

**Außerdem:**
Keksausstecher Bambi
und Blatt
4 Spritzbeutel
4 Lochtüllen #002
3 Spritzflaschen
schwarzer Zuckerstift

Für den Keksteig Mehl und Kakao in eine Schüssel sieben. Butter mit Salz und Zucker verrühren und das Ei hinzugeben. Die Mehl-Kakao-Mischung hinzugeben und so lange unterrühren, bis sich der Teig selbstständig von der Schüssel löst. Den Teig zu einem flachen Quader formen und in Frischhaltefolie gewickelt 1 Stunde kalt stellen. Inzwischen den Backofen auf 150 °C Umluft vorheizen. Auf einer Backmatte ein wenig Mehl verteilen, den Teig ca. 3 mm dick ausrollen und die Motive ausstechen. Je kälter der Teig ist, desto besser lassen sich die Formen ausstechen. Die Kekse auf mittlerer Schiene 10–15 Minuten backen. Da man bei den Schokoladenkeksen nicht so gut sieht, wann sie fertig sind, sollten die kleinen Bambis lieber separat von den großen Blättern gebacken werden. Bis die großen Formen durch sind, ist das Rehkitz schon verbrannt.

Für das Royal Icing den Puderzucker und das Eiweißpulver in eine Schüssel sieben, 60 ml Wasser hinzugeben und 2 Minuten verrühren. Das Ergebnis ist eine feste Glasur, die von der Konsistenz her wie Zahnpasta sein sollte. Die Masse gleichmäßig auf drei kleine Schüsseln verteilen. Für die Details der Bambis 1 EL Zuckerguss schon jetzt in einen Spritzbeutel füllen. Die anderen drei Schüsseln werden wie folgt eingefärbt: ein Teil in Gelb, ein Teil in Orange, der dritte Teil in Dunkelbraun. Das folgende Prozedere bei allen drei Schüsseln anwenden: ⅓ der Masse in einen Spritzbeutel mit Lochtülle füllen. Die Spritzbeutel am oberen Ende mit einem Knoten oder einer Klammer verschließen. Die restlichen ⅔ mit 1 ½ EL Wasser verdünnen, sodass eine flüssige, joghurtähnliche Konsistenz entsteht. Diese Glasur wird in eine Spritzflasche gefüllt. Ist die Glasur zu flüssig geworden, kann sie mit Puderzucker wieder eingedickt werden. Ist sie noch zu fest, einfach kleine Mengen Wasser einrühren. Über die richtige Handhabung des Spritzbeutels kannst du ab Seite 236 nachlesen.

## BAMBI

Den Keks mit der festen braunen Glasur umranden.

Mit der flüssigen braunen Glasur den Keks ausmalen. Eine Stunde trocknen lassen.

Mit der festen Glasur die weißen Punkte aufmalen. Über Nacht trocknen lassen und mit einem schwarzen Zuckerstift die Details einzeichnen.

## BLATT

Mit der festen braunen Glasur die Blätter umranden.

Die nächsten Schritte alle zügig hintereinander ausführen: Mit dem flüssigen Braun die Ränder nachfahren. Dann mit dem flüssigen Orange neben dem Braun einen Rand ziehen und die Mitte mit Gelb ausfüllen.

Mit einem Zahnstocher von innen nach außen durch die flüssige Farbe ziehen. Dabei entsteht ein tolles Muster.

# Apfelrosen

*Diese Röschen im zarten Blätterteigmantel sind absolut hinreißend.*

| **Für die Rosen:** | **Außerdem:** |
|---|---|
| 4 Äpfel zum Backen | Schale mit heißem Wasser |
| 3 Packungen Blätterteig | Muffinblech |
| 4 EL Aprikosenkonfitüre | Backpinsel |
| 2 EL Zucker | Messer |
| 2 TL Zimt | Löffel |
| 50 g gemahlene Mandeln | |
| 1 Zitrone | |
| Puderzucker zum Bestäuben | |

Für die zauberhaften Apfelrosen muss die Schale unbedingt am Apfel bleiben. Deshalb die ungeschälten Äpfel waschen, vierteln, entkernen und in ca. 1 mm dicke Scheiben schneiden oder hobeln. Die Apfelscheiben in warmes Zitronenwasser legen. Den Backofen vorheizen und ein Muffinblech mit Backspray einsprühen. Den Blätterteig ausrollen und der Länge nach jeweils in vier gleich große Streifen schneiden. Die Streifen mit Aprikosenkonfitüre bestreichen und die Zucker-Zimt-Mischung darüberstreuen. Darauf dann die Apfelscheiben ziegelartig überlappend so auflegen, dass sie am oberen Rand ca. ⅓ überstehen. Zuletzt die Streifen mit gemahlenen Mandeln bestreuen, die lange Seite umklappen und von einer Seite zur anderen langsam aufrollen. Die Blätterteigrollen direkt in die eingefetteten Muffinformen setzen. Wer die Äpfel karamellisieren möchte, kann vor dem Backen noch braunen Zucker über die Röschen streuen. Auf mittlerer Schiene ca. 25–30 Minuten backen, Aufpassen, dass die Äpfel nicht verbrennen. Im Blech kurz auskühlen lassen, dann auf einer Tortenplatte arrangieren. Kurz vor dem Servieren leicht mit Puderzucker bestäuben.

Für 5 Äpfel
Arbeitszeit ca. 15 Minuten  ∗  Kühlzeit 30 Minuten

# SCHOKOÄPFEL

*An Apple a day, keeps the doctor away!*
*Ganz in diesem Sinne rücken die saftigen Äpfel in diesem Kapitel*
*in den Vordergrund. Während es am Oktoberfest süße Äpfel*
*mit Zuckerglasur gibt, schlemmen wir heute Schokoladenäpfel mit*
*Walnussstückchen, hübsch verpackt mit einem Mascherl.*

**Für die Schokoäpfel:**
5 rote Äpfel
2 Tafeln Vollmilchschokolade
200 g Walnüsse

**Außerdem:**
Topf und Schüssel für Wasserbad
kleiner Topf
Messer
Schneidebrett
Backpapier
5 Eisstiele

Die Äpfel waschen und abtrocknen. Die Schokolade klein hacken und über
einem Wasserbad in einem Gefäß schmelzen, das gerade so groß ist, dass ein ganzer Apfel hineinpasst.
Die Walnüsse klein hacken.
Die Eisstiele in die Äpfel stecken, alle Äpfel nacheinander in die Schokolade tauchen
und sofort mit den Walnüssen bestreuen. Zum Trocknen auf ein Blatt Backpapier stellen.
Die Äpfel kurz vor dem Servieren mit farblich
passenden Schleifen dekorieren.

Arbeitszeit ca. 30 Minuten  *  Trockenzeit ca. 1 Stunde

# GOLDENE BLUMENVASEN

*Mit ein wenig Fantasie und goldenem Sprühlack
zaubern wir aus Altglas einmalige Blumenvasen im edlen Design.*

**Für die Vasen:**
verschiedene Flaschen
Grundierungsspray
Goldspray
Klebeband
Zeitungspapier
Einweghandschuhe

Die Flaschen in warmem Wasser mit Spülmittel einweichen und die
Etiketten entfernen. Gut abtrocknen. Den Boden im Freien
großzügig mit Zeitungspapier auslegen.

ES GIBT NUN ZWEI VARIANTEN:
❶. Wenn du die Flaschen komplett besprühen möchtest,
steckst du am besten einen alten Kochlöffel in die Flasche, mit der du sie halten kannst,
besprühst sie zuerst mit der Grundierung und lässt sie
trocknen. Anschließend die Flaschen mit Gold besprühen.

❷. Wenn du ein grafisches Muster auf die Flaschen sprühen möchtest,
klebst du die Stellen, die nicht besprüht werden sollen, mit Klebeband ab.
Die Flaschen auch hier zuerst grundieren, trocknen lassen und
dann mit dem Goldspray veredeln. Das Klebeband abziehen.

*Mit der weißen Grundierung leuchtet das Gold bei grünen
oder braunen Flaschen besonders toll!*

# Weihnachts
## ZAUBER

It´s the most wonderful time of the year!
Im Herbst haben wir geübt und jetzt kommt die Kür.
Lasst eurer Kreativität freien Lauf und zaubert ein Meisterwerk nach
dem anderen. Von traumhaften Torten über leckere Keksvariationen
bis hin zu zarten Windringerln. In diesem Kapitel wird nicht nur der Tisch,
sondern auch der ganze Christbaum mit süßen Leckereien dekoriert.
Eine Tradition, die meine Familie schon seit über 40 Jahren pflegt.

# Spekulatius-Weihnachtstorte
## MIT
## TANNENBÄUMEN

**Für die Torte:**
6 Eier (M)
6 EL heißes Wasser
200 g Zucker
1 Päckchen Vanillezucker
100 g Mehl
100 g Speisestärke
50 g Kakaopulver
1 TL Backpulver

**Für die Spekulatiuscreme:**
200 g Spekulatius
250 g Mascarpone
100 g Magerjoghurt
1 EL Zitronensaft
400 ml Sahne
2 Päckchen Sahnesteif
1 TL Zimt

**Für die Dekoration:**
200 g weißer Fondant
moosgrüne Lebensmittelfarbe
200 g Kokosflocken

**Außerdem:**
2 Springformen 20 cm Ø
Backpapier
6 Holzspieße
Backmatte
Fondantroller
Modellierwerkzeug (Kugelform)
scharfes Messer
Pinsel, Backspray, Zahnstocher

Für die Biskuitböden den Backofen auf 180 °C Ober/-Unterhitze vorheizen. Die Eier schaumig schlagen und dabei zuerst das heiße Wasser und dann den Zucker und Vanillezucker zugeben. Die Masse muss so lange geschlagen werden, bis sie sich gelb-weißlich färbt. Die trockenen Zutaten wie Mehl, Stärke, Kakaopulver und Backpulver vermischen und in die Masse sieben. Vorsichtig mit einem Teigschaber unterheben. Die Böden der beiden Springformen mit Backpapier bespannen und die Ränder einfetten. Die Masse gleichmäßig aufteilen und ca. 30 Minuten auf mittlerer Schiene backen. Die Böden in der Form auskühlen lassen. Dann die Springform entfernen, die Böden wenn nötig begradigen und vorsichtig mittig halbieren.

Für die Creme die Spekulatius ganz fein zerkleinern und mit Mascarpone, Joghurt und Zitronensaft vermengen. Die Sahne mit Sahnesteif und Zimt steif schlagen und unter die Creme heben. Die Tortenböden nacheinander mit der Spekulatiuscreme bestreichen und stapeln. Nun eine dünne Schicht der Creme als Krümelschicht rundherum auf dem Rand verteilen und die Torte 30 Minuten kalt stellen. Die Torte aus dem Kühlschrank holen, mit einer glatten Schicht aus der restlichen Creme überziehen und mit der Hand vorsichtig die Kokosflocken darüberstreuen. Bis zum Verzehr im Kühlschrank lagern.

Für die Dekoration den weißen Fondant in drei verschiedenen Farbschattierungen moosgrün einfärben (hell bis dunkel). Aus jeder Farbe drei unterschiedlich große Tannenbaumformen schneiden. Diese wieder in fünf Streifen zerteilen. Jeden Streifen an der unteren Seite mit einem Zahnstocher ausdünnen. Die Streifen beliebig variieren und mit einem feuchten Pinsel verkleben. Auf der Rückseite einen Holzspieß andrücken und ein kleines Stück Fondant zur Sicherheit darüberkleben. Die Tannenbäume beliebig angeordnet und möglichst dekorativ in die Torte stecken. Die restlichen Kokosflocken um die Tannenbäume streuen.

*Einen Pinsel in Speisestärke tauchen und die Tannenbäume mit Schnee bestäuben.*

# Windringerl

*In Amerika heißen sie Meringue Kisses,
in Österreich dagegen Windringerl.
Schon in meinen Kindertagen war der Christbaum bei uns über und
über mit dieser zarten Leckerei geschmückt.*

**Für die Windringerl:**

3 Eiweiß
1 Schuss Vanilleessenz
90 g feiner Zucker
100 g Puderzucker
Lebensmittelgelfarbe in
Hellblau

**Außerdem:**

2 Backbleche
Backpapier
Spritzbeutel
Sterntülle # 1M

Windringerl werden nicht wirklich gebacken, sondern bei leichter Wärme im Backofen getrocknet. Den Backofen auf 100 °C Umluft vorheizen. Für die Masse Eiweiß und Vanilleessenz zu einem festen Schnee schlagen und dabei den Zucker und den Puderzucker einrieseln lassen. Kurz die Lebensmittelgelfarbe einrühren und die Masse in einen Spritzbeutel mit Sterntülle füllen. Auf das mit Backpapier ausgekleidete Backblech beliebig große Ringe spritzen. Ich mag sie ganz gerne mit 6–8 cm Durchmesser, da sie so an die Äste des Christbaums passen. Die Windringerl ca. 60 Minuten bei 100 °C backen. Damit der Dampf aus dem Backofen entweichen kann, in die Tür einen Kochlöffel einklemmen. Die Windringerl 2 Stunden nachtrocknen lassen.

*Die Windringerl zur Hälfte in Schokolade tauchen.*

*Mit Kugelaufhängern oder Satinbändern an den Christbaum hängen.*

# Vanillekipferl

*Mit diesen süßen mürben Kipferl begann meine Backleidenschaft.
Es kann schon vorkommen, dass ich sie auch im April und August backe.
In Österreich werden Vanillekipferl traditionell mit
gemahlenen Mandeln anstelle von Haselnüssen hergestellt.
Für die ganz besondere Süße wende ich die
Kipferl in einer Mischung aus Puderzucker und Vanillezucker.*

**Für die Plätzchen:**
250 g Mehl
70 g Zucker
200 g Butter
100 g gemahlene Mandeln
1 Bourbon-Vanilleschote

**Für die Dekoration:**
200 g Puderzucker
2 Päckchen Vanillezucker

**Außerdem:**
2 Backbleche
Backpapier
Frischhaltefolie

Das Schöne bei Vanillekipferl ist, dass der Teig nicht misslingen kann. Man mischt einfach alle Zutaten zusammen. Das Gefährliche aber ist die Backzeit. Schon ein paar Minuten zu viel und die feinen Spitzen der Kipferl verbrennen. Den Teig kannst du entweder mit der Hand oder der Küchenmaschine verkneten. Anschließend in Frischhaltefolie gewickelt 60 Minuten im Kühlschrank ruhen lassen. Inzwischen den Backofen auf 200 °C Ober-/Unterhitze vorheizen und die Backbleche mit Backpapier auslegen. Aus dem Teig ca. 2 cm große Kugeln formen, aus diesen zwischen den Handflächen kleine Würstchen rollen und mit den Fingern zu Kipferl biegen. Eine typische Kipferlform ist in der Mitte dick und an den Enden dünner. Die Kipferl auf zwei Backbleche verteilen und ca. 12 Minuten backen. Den Wecker auf 10 Minuten stellen und ab da regelmäßig kontrollieren. Nach dem Backen kurz auf dem Backblech auskühlen lassen. Eine Schüssel mit gesiebtem Puder- und Vanillezucker vorbereiten, die noch warmen Kipferl darin wenden und in eine Keksdose legen.

*Solange die Vanillekipferl noch warm bis lauwarm sind, haftet die
Vanille-Zucker-Mischung gut an. Zu heiß sollten sie aber nicht sein,
sonst verbrennt ihr euch die Finger.*

# Bayrische Creme
## MIT
## ZIMTSTERNEN

*Cookies & Creme im bayerischen Style.*
*Da die Creme über Nacht kühlen soll, lässt sich die Arbeit wunderbar wie folgt aufteilen:*
*Erst die Bayrische Creme vorbereiten, dann die Zimtsterne backen*
*und am nächsten Tag alles gut gekühlt den Gästen servieren.*

**Für die Creme:**
250 ml Milch
1 Bourbon-Vanilleschote
6 Blatt Gelatine
3 Eier (M)
50 g Zucker
200 ml Sahne
Zimt

**Außerdem:**
Topf und Schüssel für Wasserbad
Messer
4 Gläser

Die Milch für die Bayerische Creme zum Kochen bringen. In der Zwischenzeit die Vanilleschote der Länge nach aufschlitzen, das Vanillemark auskratzen und zusammen mit der Schote zur Milch in den Topf geben. Gleichzeitig auf einer anderen Platte für das Wasserbad in einem großen Topf Wasser zum Kochen bringen. Die Gelatine laut Packungsanleitung einweichen. Die Eier trennen und das Eigelb mit dem Zucker gut verrühren. Die Vanilleschote aus der Milch fischen und diese unter die Ei-Zucker-Mischung rühren. Mit der Schüssel über dem Wasserbad die Masse kräftig schlagen, bis sie cremig ist. Die aufgeweichten Gelantineblätter gut ausdrücken und bei niedriger Temperatur in einem Topf zum Schmelzen bringen. 1 EL der Creme unter die Gelatine rühren und dann die gesamte Gelatine in die Eiercreme rühren.

Die Creme im Kühlschrank abkühlen lassen. Nach kurzer Zeit beginnt sie zu stocken. Dann die Sahne steif schlagen und vorsichtig unterheben. Die Gläser für die Creme kalt auswaschen und die Creme einfüllen. Kurz vor dem Servieren mit etwas Zimt bestreuen und mit einem Zimtstern (siehe Seite 198) dekorieren.

# Zimtsterne

## EINFACH SO UND ZUR

## BAYRISCHEN CREME

**Für die Zimtsterne:**
250 g gemahlene Mandeln
150 g Puderzucker
1 TL Zimt
1 Eiweiß
Puderzucker für die Arbeitsfläche

**Für die Glasur:**
1 Eiweiß
65 g Puderzucker

**Außerdem:**
Sternausstecher (ca. 4–5 cm)
Backblech
Backpapier
Backmatte
Pinsel

Den Backofen auf 150 °C Ober-/Unterhitze vorheizen. Für den Teig die gemahlenen Mandeln mit Puderzucker, Zimt und Eiweiß verrühren. Mit den Händen zu einer Teigkugel kneten und auf einer mit Puderzucker bestreuten Arbeitsfläche ca. 1 cm dick ausrollen. Sterne ausstechen und im Backofen ca. 15 Minuten auf unterster Schiene backen.

Für die Glasur das Eiweiß steif schlagen und dabei den Puderzucker ein-rieseln lassen. Es entsteht eine zähe, streichfähige Glasur. Die Zimtsterne auskühlen lassen und mit einem Pinsel die Glasur auftragen. Trocknen lassen und als Deko auf der Bayrischen Creme servieren.

# Vanillekekse
## MIT ROYAL ICING
# BAUMKUGELN UND ZAPFEN

*Selbst gebackener Christbaumschmuck ist herrlich. Wie mit den Windringerln lässt
sich auch mit diesen Keksen der Christbaum wunderschön dekorieren.
Sie können farblich auf Kugeln und Lametta abgestimmt und dann
nach und nach wieder vom Christbaum gepflückt und vernascht werden.*

**Für die Kekse:**
200 g Butter
180 g feiner Zucker
1 Ei (M)
1 Prise Salz
1 Päckchen Vanillezucker
400 g Mehl zzgl. Mehl
zum Ausrollen

**Für das Royal Icing:**
500 g Puderzucker
2 EL Eiweißpulver
150 ml kaltes Wasser
blaue Lebensmittelfarbe

**Außerdem:**
Keksausstecher
Kugel und Zapfen
2 Spritzbeutel
2 Spritzflaschen
2 Lochtüllen #002
Strohhalm
Schere

Für den Keksteig die Butter mit dem Zucker verrühren und das Ei, Salz und
den Vanillezucker hinzugeben. Das Mehl so lange unterrühren, bis sich der
Teig selbstständig von der Schüssel löst. Den Teig zu einem flachen Quader
formen und in Frischhaltefolie gewickelt 1 Stunde kalt stellen. Inzwischen
den Backofen auf 150 °C Umluft vorheizen. Auf einer Backmatte ein wenig
Mehl verteilen, den Teig ca. 3 mm dick ausrollen und die Motive ausstechen.
Es entstehen ca. zehn Kugeln und zehn Zapfen. Je kälter der Teig ist, desto
besser lassen sich die Kekse ausstechen. Ausgefranste Kanten mit dem Finger
andrücken. Den Teig nicht häufiger als zweimal wieder zusammenkneten, da
durch das Mehl eine Trennschicht im Teig entsteht, die dann im gebackenen
Keks unschön aussieht. Die Kekse auf mittlerer Schiene 10–15 Minuten backen. Wenn sich der Rand goldbraun färbt, sind sie fertig. Wichtig: Sobald
du das Backblech aus dem Ofen geholt hast, stichst du mit dem Strohhalm
Löcher zum Aufhängen in die Kekse. Den Strohhalm mit der Schere immer
wieder kürzen, weil er sich durch die Hitze leicht verformt.

Für das Royal Icing den Puderzucker und das Eiweißpulver in eine Schüssel

*Bei unterschiedlichen Keksgrößen gilt als Regel, dass alle kleinen und alle
großen Kekse zusammen gebacken werden, da sie verschieden lange Backzeiten
erfordern und bei einer Mischung die kleinen längst verbrannt wären,
bis die großen Kekse goldbraun sind.*

sieben, 60 ml Wasser hinzugeben und 2 Minuten verrühren (am besten den Küchenwecker stellen). Das Ergebnis ist eine feste Glasur, die von der Konsistenz her wie Zahnpasta sein sollte. Die Hälfte der Masse in eine zweite Schüssel umfüllen und hellblau einfärben. Von beiden Schüsseln jeweils etwa ⅓ der Masse in einen Spritzbeutel mit Lochtülle füllen. Die Spritzbeutel am oberen Ende mit einem Knoten oder einer Klammer verschließen. Die restlichen ⅔ mit 1 ½ EL Wasser verdünnen, sodass eine flüssige, joghurtähnliche Konsistenz entsteht. Diese Glasur wird in eine Spritzflasche gefüllt. Ist die Glasur zu flüssig geworden, kann sie mit Puderzucker wieder eingedickt werden. Ist sie noch zu fest, einfach kleine Mengen Wasser einrühren.

*Die Kekse schmecken ca. 6 Wochen richtig gut. Wenn Sie am Christbaum hängen und nicht in einer Keksdose aufbewahrt werden, kann das Aroma verfliegen. Da der Keks ein Dauergebäck ist, kann man ihn aber auch noch nach 3 Monaten essen.*

❶. Alle Kekse abwechselnd mit der festen weißen und hellblauen Glasur umranden. Wichtig ist, dass auch das Loch zum Aufhängen umrandet wird.

❷. Im zweiten Schritt jeweils mit der weißen oder hellblauen flüssigen Glasur ausmalen. Hierfür zuerst am Rand entlangfahren und dann die Mitte ausmalen. Mit einem Zahnstocher kannst du kleine Lücken füllen und Luftblasen zerstechen. Nimm ruhig ein wenig mehr Glasur, wenn die Oberfläche zu uneben ist. Die Kekse 1 Stunde trocknen lassen. Wenn du möchtest, kannst du einen Teil der Kekse in den anderen Farben ausmalen, z. B. für ein Streifenmuster. Hierfür musst du mit der festen Glasur eine Trennlinie einziehen, damit die Farben nicht verlaufen.

❸. Die Details nach Belieben mit der festen Glasur aufmalen. Über Nacht trocknen lassen und am nächsten Tag farblich passende Satinbänder einfädeln, um die Kekse aufzuhängen.

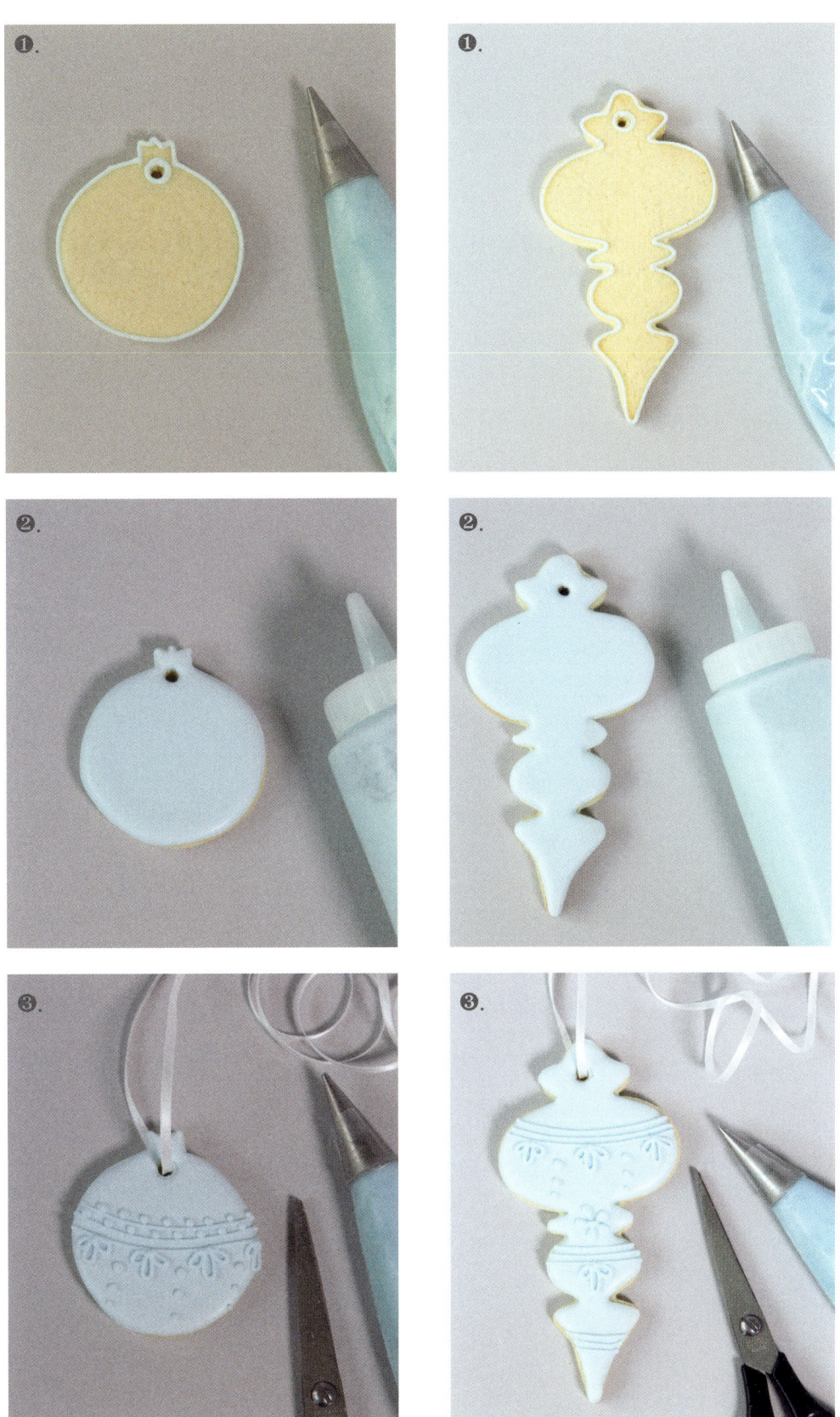

# *Lebkuchenkekse*
## MIT ROYAL ICING
# EISKRISTALLE

**Für die Kekse:**
300 g Roggenmehl
200 g Rohrzucker
2 Eier (M)
2 EL Honig
½ Päckchen Lebkuchengewürz
½ TL Natron
Mehl für die Arbeitsfläche

**Außerdem:**
Backblech
Backpapier
Nudelholz
Ausstecher
Spritzbeutel
Lochtülle #002
Geschenkband

**Für das Royal Icing:**
150 g Puderzucker
1 EL Eiweißpulver
30 ml kaltes Wasser

Für den Teig einfach alle Zutaten miteinander verkneten und über Nacht in einer abgedeckten Schüssel ruhen lassen. Am nächsten Tag den Backofen auf 180 °C Ober-/Unterhitze vorheizen und den Teig auf einer bemehlten Arbeitsfläche ca. 3 mm dick ausrollen. Die Eiskristalle ausstechen und ca. 15 Minuten backen. Auskühlen lassen und in der Zwischenzeit das Royal Icing vorbereiten.

Für das Royal Icing den Puderzucker in eine Schüssel sieben, das Eiweißpulver dazugeben und mit dem Wasser zu einer sehr dicken Masse anrühren (ähnliche Konsistenz wie Nutella). In einen Spritzbeutel mit Lochtülle füllen und die Kekse mit feinen Linien verzieren.

*Anstelle von Eiweißpulver kannst du für das Royal Icing auch ein frisches Eiweiß nehmen. Dann allerdings nur 2 EL Wasser nehmen.*

# Punschkrapferl
## ZUM
# VERSCHENKEN

*Schon als Kind konnte ich der Versuchung zarter Punschkrapferl kaum widerstehen – und das ist bis heute so geblieben. Die kleinen Happen ähneln Petit Fours und sind mit der hübschen Geschenkschleife ein toller Hingucker beim Weihnachtsbrunch. Um die Klebrigkeit ein wenig zu reduzieren, nehmen wir anstatt der typischen rosafarbenen Fondantglasur eine Schokoladenhülle.*

**Für den Teig:**
4 Eier (M)
180 g Puderzucker
1 Päckchen Vanillezucker
1 Prise Salz
150 g Mehl
1 Glas fein passierte
Aprikosenkonfitüre
30 ml Grand Marnier

**Für die Glasur:**
400 g weiße Kuvertüre
2 EL Kokosfett

**Für das Royal Icing:**
125 g Puderzucker
1 EL Eiweißpulver
30 ml kaltes Wasser
Lebensmittelgelfarbe in Blau

**Außerdem:**
Backblech, Backpapier
Messer, Pinsel
Topf und Schüssel für Wasserbad
Kuchengitter
Alufolie
Spritzbeutel

Den Backofen auf 200 °C Ober-/Unterhitze vorheizen und ein Backblech mit Backpapier auskleiden. Die Eier trennen und das Eigelb mit dem Puderzucker und Vanillezucker lange cremig schlagen. In einer zweiten Schüssel das Eiweiß mit dem Salz zu festem Eischnee schlagen. Den Eischnee wie auch das gesiebte Mehl unter die Eigelbmasse heben. Die Masse auf das Backblech streichen und im Backofen ca. 10 Minuten backen. Noch auf dem Blech die Ränder abschneiden und zwei gleich große Böden ausschneiden. Die übrigen Randstücke zerbröseln und zusammen mit der Hälfte der Konfitüre und dem Grand Marnier in einer Schüssel vermischen und 30 Minuten ziehen lassen. Einen der beiden Böden mit der Punschmasse bestreichen. Die beiden Böden aufeinanderlegen, leicht zusammendrücken und 1 Stunde kalt stellen. Mit einem Messer gleich große Würfel ausschneiden, rundherum mit der restlichen Konfitüre einstreichen und kühlen. Die Kuvertüre hacken und in einem kleinen Topf über dem Wasserbad schmelzen und das Kokosfett unterrühren. Die Biskuitstückerl auf ein Kuchengitter stellen und darunter Alufolie ausbreiten. Die Kuvertüre gleichmäßig über die Punschkrapferl gießen. Trocknen lassen und kalt stellen.

Für das Royal Icing den Puderzucker in eine Schüssel sieben, Eiweißpulver dazugeben und mit kaltem Wasser zu einer sehr dicken Masse anrühren und hellblau einfärben. In einen Spritzbeutel füllen, vorne abschneiden und die Punschkrapferl mit Geschenkschleifen verzieren.

Für ca. 25 Stück

Arbeitszeit ca. 20 Minuten  *  Back-/Kühlzeit ca. 30 Minuten

# *Cookies*
## MIT
# WEISSER SCHOKOLADE

*Selbst der Weihnachtsmann weiß die Kombination
aus Keks und Milch sehr zu schätzen.*

**Für die Kekse:**
100 g weiße Schokolade
100 g Nüsse
200 g Butter
150 g weißer Zucker
100 g brauner Zucker
2 Eier (M)
1 Prise Salz
270 g Mehl
1 TL Backpulver
1 TL Zimt

**Außerdem:**
2 Backbleche, Backpapier

Für die Cookies den Backofen auf 180 °C Umluft vorheizen und zwei Backbleche mit Backpapier vorbereiten. Die weiße Schokolade und die Nüsse in kleine Stückchen hacken. Butter und Zucker schaumig schlagen, Eier und Salz dazugeben. Das Mehl mit dem Backpulver und Zimt unterrühren. Die Schokolade und die Nüsse langsam unterheben (von jedem ein klein wenig zur Seite legen). Da die Masse sehr klebrig ist, mit zwei Teelöffeln kleine Häufchen auf das Backpapier setzen. Nicht mehr als zehn Cookies pro Blech platzieren, da diese viel Platz brauchen. Den Rest der gehackten Schokoladen- und Nussstückchen von oben aufstreuen. Den Teig ca. 10 Minuten backen.

*Anstelle der Nüsse schmecken auch Smarties in dieser Kombination sehr lecker.*

# TISCHKÄRTCHEN

*Tannenzapfen aus dem Wald eignen sich besonders gut als Deko.
Mit einer kleinen Säge verwandeln wir die Zapfen in wunderbare Halter für
selbst beschriftete Kärtchen, auf denen die Namen der süßen Köstlichkeiten
oder der zur Festtafel geladenen Gäste stehen.*

**Für die Kärtchen:**
Tannenzapfen
Kärtchen
Edding
kleine Säge
Kunstschnee

Mit der Säge vorsichtig ca. 2 cm tief in den Tannenzapfen sägen.
Die etwa 7 x 4 cm großen Kärtchen mit den Namen
der süßen Köstlichkeiten oder der Gäste beschriften
und in die Tannenzapfen stecken. Für einen
weihnachtlichen Touch mit Kunstschnee bestreuen.

# 1

# BACKUTENSILIEN UND ZUBEHÖR

Die meisten der hier vorgestellten Backutensilien habt ihr wahrscheinlich schon zu Hause, da sie zur herkömmlichen Grundausstattung zählen. Im Gegensatz zu den extra benannten Dingen, die wir auch brauchen, bilden die im Folgenden aufgezählten Utensilien das Basisequipment für jedes Rezept in diesem Buch: Küchenmaschine oder Handrührgerät, Teigschaber, Kuchengitter, Backblech, Küchenwaage, Sieb, Messbecher, Backpinsel, Nudelholz und Rührschüssel.

Altbewährt und unverzichtbar sind für uns das gute alte Backpapier und der einfache Zahnstocher aus Holz. Wir brauchen das Backpapier nicht nur zum Auskleiden der Backformen, sondern auch beim Trocknen von Zutaten. Beinahe für jeden Handgriff beim Dekorieren und Verzieren ist der Zahnstocher unser kleiner Freund und Alleskönner. Wir brauchen ihn zum Einfärben von Fondant oder Buttercreme mit Lebensmittelgelfarben, um Blüten in Form zu ziehen oder tolle Muster zu zaubern.

Um unsere Kekse, Cupcakes und Torten zu dekorieren und traumhaft zu gestalten, greifen wir aber zu einigen nicht ganz so gewöhnlichen Arbeitsmitteln, damit wir uns leichter tun.

# BACKZUBEHÖR

**❶. SILIKONFORMEN**

Es gibt mittlerweile schon unzählige Moulds aus Silikon, um mit Fondant oder Blütenpaste dekorative Formen zu kreieren.

**❷. SPRITZTÜLLE**

Es gibt verschiedene Spritztüllen aus Edelstahl oder Weißblech, die wir für Kekse und Cupcakes benötigen. Mit Lochtüllen gelingen schöne gerade Linien und feine Details aus Royal Icing. Mit den Stern- und Blütentüllen wie #1M oder #2D gestalten wir opulente Cremes als Topping.

**❸. SPRITZFLASCHEN**

Die kleinen Flaschen aus Kunststoff sind wahre Alleskönner, egal, ob man sie für die flüssige Zuckerglasur beim Verzieren der Kekse oder zum Schmelzen von Schokolade verwendet. In den Flaschen können die Glasuren nicht austrocknen und sind gleichzeitig gut aufbewahrt.

**❹. SPRITZBEUTEL**

Die Spritztüllen werden in Spritzbeutel eingesetzt. Ich verwende aus hygienischen Gründen gerne Wegwerfspritzbeutel aus Kunststoff. Eine Alternative wären auch Tiefkühlbeutel, allerdings können diese leicht reißen.

**❺. WINKELPALETTE**

Eine Winkelpalette habe ich auch erst seit kurzer Zeit. Es gibt sie in verschiedenen Größen. Durch ihre Form vereinfacht sich das Füllen und Bestreichen von Torten mit Cremes, Ganache & Co.

**❻. TEIGKARTE**

Zum Glattstreichen einer Torte reicht ein Buttermesser oder ein Teigschaber meist nicht aus. Ich empfehle euch hierfür eine Teigkarte, auch Teigspachtel genannt, mit der sich glatte Oberflächen und scharfe Kanten gestalten lassen. Es gibt diese Teigkarte auch mit Zacken, meist als Tortenkamm bezeichnet, um Cremetorten am Rand oder an der Oberseite mit einzigartigen Mustern zu verzieren.

**❼. FONDANTGLÄTTER, FONDANTROLLER**

Zwei einfache Kunststoffwerkzeuge mit einer besonderen Beschichtung, durch die wir ein wirklich fabelhaftes Ergebnis zaubern. Da Fondant eine Zuckermasse ist, wird er oft recht schnell warm und klebrig, lässt sich dann aber mit dem Fondantroller problemlos ausrollen und nach dem Eindecken der Torte mit dem Fondantglätter an der Tortenoberfläche glatt modellieren.

**❽. DREHTELLER**

Dieser ist insbesondere beim Dekorieren der Torten ein toller Helfer. Wenn kein Drehteller zur Hand ist, kann man die Tortenplatte einfach auf eine umgedrehte Schüssel stellen und vorsichtig drehen.

# LEBENSMITTELLEHRE

## ZUTATEN

Egal, was wir backen, frisch schmeckt es einfach immer am besten. Im Nachfolgenden kurz meine wichtigsten Tipps für euch und warum es wirklich lohnt, die Rezepte und Zutatenlisten einmal ein Ruhe durchzulesen.

### EIER
Das wichtigste Merkmal für eine Topqualität ist das Alter der Eier. Damit du ohne Bedenken alles abschlecken kannst, sollten deine Eier so frisch wie möglich sein. Ich empfehle euch Bio-Eier oder Eier von freilaufenden Hühnern. Falls du dir nicht sicher bist, ob die Eier wirklich frisch sind, kannst du einen Schnelltest machen: Hierfür das Ei quer ins Wasser legen. Wenn es sich aufrichtet oder wegschwimmt, solltest du die Finger davonlassen. Und noch etwas: Je frischer die Eier, desto fester dein Eischnee.

### BUTTER
Der natürliche feine Geschmack der Butter lässt sich weder durch Margarine noch Öl ersetzen. Soll sie laut Rezept Zimmertemperatur haben, nehmt ihr die Butter wie auch die Eier ca. 1 Stunde vor dem Backen aus dem Kühlschrank und lagert sie bei Raumtemperatur.

### BACKPULVER
Damit die Tortenböden schön fluffig und die Gugelhupfe locker werden, wird als Backtriebmittel gerne Backpulver verwendet. Für Cupcakes empfehle ich euch eine Mischung aus Backpulver und Natron. Wir wollen super lockeren Teig, der aber nicht zu stark aufgehen oder gar oben aufreißen darf, und da hilft uns Natron. Wenn ihr nur Backpulver zu Hause habt, könnt ihr den Anteil von Natron durch Backpulver ersetzen, nur bitte nicht umgekehrt, da sich dann der Geschmack unschön verändert.

### SÜSSUNGSMITTEL
In meinen Rezepten verwende ich vorwiegend weißen Kristallzucker. Es gibt aber auch Alternativen wie Ahornsirup, Zuckersirup, braunen Zucker oder Honig. Am besten experimentiert ihr ein wenig. Soll es einmal besonders schnell gehen, könnt ihr im Keksrezept z. B. Puderzucker verwenden, weil sich hier die Zuckerkristalle nicht erst auflösen müssen.

### MEHL
Um Mehl kommen wir beim klassischen Backen nicht herum, es gibt aber viele Mehlarten, um einen gesunden Kuchen zu backen. Für alle Mehlsorten gilt: vor dem Backen sieben, damit der Teig schön locker wird. Meistens wird Mehl Type 405 verwendet. Je höher die Typenzahl, desto gesünder ist das Mehl, gleichzeitig wird der Teig dadurch aber trockener. Es spricht auch nichts dagegen, dass ihr für die Rezepte in diesem Buch Dinkelmehl anstelle von Mehl Type 405 nehmt, die beiden sind sich ähnlich. Und da die Keksteige ohnehin kompakter sind, könnt ihr auch gerne glutenfreies Mehl verwenden.

### SCHOKOLADE
Ein Kuchen ist ein Traum, und ist er dann noch mit Schokolade dekoriert, sind wir im Backhimmel. Zum Backen eignet sich reiner Backkakao sehr gut – bitte keine fertig gesüßte Trinkschokolade. Beim Dekorieren zaubert Kuvertüre das schönste Ergebnis.

### SALZ
Dass Salz ein Geschmacksverstärker ist, wissen sicherlich viele von euch. In Form von Meersalzflocken könnt ihr Salz aber auch wunderbar zum Dekorieren von Schokoladentartes und Karamellsaucen verwenden. Das Geschmacksspiel von Salz und Zucker ist ein Traum.

### FRISCHKÄSE UND SAHNE
Diese beiden Zutaten sollten immer frisch aus dem Kühlschrank kommen. Während Sahne lange aufgeschlagen wird, mag der Frischkäse lieber die schnelle Verarbeitung.

# ORGANISTATION

Ich liebe es, das Backen zu zelebrieren. Damit alles reibungslos gelingt, werden als Erstes die Zutaten aus dem Kühlschrank genommen und der Backofen vorgeheizt. Dann bereite ich mir eine saubere Arbeitsfläche vor, ziehe meine Backschürze an und wasche mir gründlich die Hände. Ich suche mir alle Arbeitsgeräte zusammen, wiege die Zutaten ab und stelle mir alles in hübschen Schälchen bereit. Damit ihr bei besonders aufwendigen Torten keinen Zeitdruck bekommt, könnt ihr euch das Backen wunderbar wie folgt einteilen:

→ Am Vortag könnt ihr Böden, Cupcakes oder Keksrohlinge backen und Fondantdekorationen vorbereiten, damit diese aushärten können.

→ Am nächsten Tag könnt ihr dann die Creme und die Dekoration vorbereiten und kurz bevor die Gäste ankommen anrichten, z. B. die Cupcakes bespritzen, die Torte mit Frischkäse-Sahne-Creme bestreichen, die Kekse mit Buttercreme verzieren, usw.

→ Da sich frisch gebackene Torten weniger gut schneiden lassen, könnt ihr diese sogar noch einen Tag früher backen (sprich zwei Tage im Voraus). Am zweiten Tag zerschneidet und bestreicht ihr die Tortenböden und zieht einen Krümelrand. Am dritten Tag ist die Torte dann richtig gut durchgezogen und saftig. Diese Variante eignet sich für eine Buttercreme oder eine Ganache besser als für Sahnecremes.

## MEINE BACKTIPPS

→ Nimm dir Zeit, die Zutaten exakt abzuwiegen.

→ Butter und Zucker dürfen gerne sehr lange (3–4 Minuten) verrührt werden.

→ Das Mehl lieber nur kurz unterrühren, da der Teig sonst zu fest wird.
   Wenn du mehrere Teigböden bäckst, dann wiege die Teigmengen gleichmäßig ab.

→ Der Kuchen sollte schnell in den Ofen, da das Backpulver sonst schon
   vor dem Backen seine Arbeit macht und Blasen wirft.

→ Während der Backzeit die Backofentüre nicht in der ersten Hälfte der
   Gesamtzeit öffnen.

# LAGERUNG

- Gebäck lagert ihr am besten trocken und kühl.

- Im Kühlschrank bitte mit Käse und Wurst aufpassen, da Sahne- und Buttercremes schnell den Geschmack annehmen. Creme am besten in einem Spritzbeutel im Kühlschrank lagern.

- Fondant zieht bekanntlich Wasser an. Eine Motivtorte mit Fondantdecke würde ich lieber an einem kühlen Ort und nicht im Kühlschrank aufbewahren.

- Für Cupcakes mit kleinen Fondantdekorationen ist der Kühlschrank wieder besser geeignet.

# HALTBARKEIT

- Da Kekse Dauergebäckstücke sind, halten sie sich am längsten und eignen sich daher auch wunderbar zum Verschenken. Der rohe Keksteig kann im Kühlschrank bis zu 1 Woche und eingefroren bis zu 3 Monate aufbewahrt werden. Zuckerguss (Royal Icing) mit frischen Eiern bitte gleich am selben Tag aufbrauchen, mit Eiweißpulver kann der Zuckerguss im Kühlschrank 2–3 Tage aufbewahrt werden. Die dekorierten Kekse schmecken 6–8 Wochen richtig lecker.

- American Cookies und Cake-Pops sollten spätestens nach 1 Woche vernascht werden.

- Einfache Rührkuchen wie Gugelhupf, Blechkuchen und Cheesecakes halten abgedeckt 3–5 Tage.

- Cremetorten, Cupcakes und Sahnekreationen bitte nur maximal 2 Tage gekühlt aufbewahren. Im Sommer lieber zügig aufessen.

# HYGIENE

Beim Thema Hygiene kommen immer wieder die allbekannten Salmonellen ins Spiel, aber es gibt auch noch andere wichtige Hygieneaspekte, die ihr in eurer Küche nicht vergessen dürft. Hier meine Tipps für euch:

- Bitte denkt daran, euch nach dem Aufschlagen der Eier die Hände zu waschen und die Arbeitsflächen mit antibakteriellem Putzmittel abzuwischen. Die Handhygiene ist generell ein sehr wichtiger Punkt!

- Wechselt regelmäßig die Spüllappen, denn sie sind nach kurzer Zeit wahre Bakterien-Resorts.

- Wascht eure Geschirrtücher bei 95 °C und bügelt sie anschließend, um auch wirklich alle Keime und Bakterien abzutöten.

- Da sich vor allem in Rissen und Spalten von Schneidebrettern Bakterien und Keime einnisten, reinigt ihr diese am besten im Geschirrspüler bei möglichst hoher Temperatur.

- Beim Auftauen von Teigen oder Kuchen bitte darauf achten, dass das Tauwasser nicht mit dem Lebensmittel in Berührung kommt, da es Keime enthalten könnte, die beim Gefrieren nicht abgetötet wurden.

- Wer gerne mit Backschürze arbeitet, sollte diese ruhig öfter mal bei 95 °C waschen.

- Beim Backen bitte Schmuck ablegen und die Haare zusammenbinden.

- Zum Wohl eurer Gäste solltet ihr nur im gesunden Zustand backen.

# CREMES, TOPPINGS & CO

## BUTTERCREME

*Die Buttercreme ist die wohl bekannteste Creme, die sich zudem besonders leicht herstellen lässt, allerdings ist sie durch den Butteranteil sehr reichhaltig. Sie eignet sich nicht nur zum Füllen und Eindecken von Torten, sondern auch als Spritzglasur, für Blüten- und Blätterdekorationen. Man erhält sie, indem man einfach nur zimmerwarme Butter mit den anderen Zutaten verrührt – fertig. Durch die Butter lässt sich die Creme wunderbar spritzen und mit der Beimengung von Pudding, Fruchtmus oder pürieren Früchten der Saison lässt sich der Geschmack abrunden. Die amerikanische und die deutsche Buttercreme sind am weitesten verbreitet. Während Erstere 1:1 aus Butter und Puderzucker besteht, ist die deutsche Buttercreme eine leichtere Variante.*

**Rezept für 1 Torte (26 cm Ø):**
500 ml Milch  ✳  90 g Zucker  ✳  1 Vanilleschote  ✳  1 Prise Salz
45 g Speisestärke  ✳  3 Eigelb  ✳  320 g zimmerwarme Butter

100 ml Milch mit 90 g Zucker, dem Mark der Vanilleschote, einer Prise Salz, der Stärke und den Eigelben in einer Schüssel glatt verrühren. Die restlichen 400 ml Milch zum Kochen bringen. Wenn die Milch aufkocht, die Eigelbmasse einfließen lassen und unter ständigem Rühren kurz aufkochen lassen. Den Pudding in eine kalte Schüssel umfüllen, abdecken und abkühlen lassen. Die Butter 4–5 Minuten cremig rühren und den abgekühlten Pudding löffelweise (EL) unterrühren.

Mit ca. 50 g gemahlenen Kokosflocken oder 150 g geschmolzenen Schokostreuseln lässt sich die Buttercreme variieren.

→ Zum Einfärben der Buttercreme nimmt man Lebensmittelgelfarben. Pulver- oder Flüssigfarben würden die Konsistenz zu sehr beeinflussen. Und da weniger mehr ist, lieber mit Pastelltönen arbeiten. Die Lebensmittelgelfarben lassen sich mit einem Zahnstocher gut dosieren.

→ Haltbarkeit: Falls die Buttercreme nicht sofort verwendet werden soll, kann sie einem luftdichten Behälter bis zu 1 Woche im Kühlschrank aufbewahrt werden. Vor Gebrauch ca. 30 Minuten bei Zimmertemperatur lagern und kurz aufschlagen. Dekoelemente aus Buttercreme können ohne Bedenken eingefroren werden.

→ Wer Zeit sparen will, schlägt die Buttercreme bereits auf, während der Kuchen noch im Ofen ist.

→ Übrigens, je länger die Butter geschlagen wird, desto weißer wird sie.

# GANACHE

*Eine Ganache besteht immer aus je einem Anteil Schokolade und Sahne.*
*Je nach Schokolade und Art der Verwendung ändert sich das Verhältnis der beiden Zutaten.*

| **Rezept für eine Ganache normaler Konsistenz zum Befüllen einer Torte:** | **Rezept für eine Ganache festerer Konsistenz zum Einstreichen einer Torte:** |
|---|---|
| ZARTBITTER | ZARTBITTER |
| 200 ml Sahne  *  200 g Zartbitterschokolade | 200 ml Sahne  *  400 g Zartbitterschokolade |
| VOLLMILCH | VOLLMILCH |
| 200 ml Sahne  *  300 g Vollmilchschokolade | 200 ml Sahne  *  500 g Vollmilchschokolade |
| WEISSE SCHOKOLADE | WEISSE SCHOKOLADE |
| 200 ml Sahne  *  400 g weiße Schokolade | 200 ml Sahne  *  600 g weiße Schokolade |

Für beide Rezepte die Schokolade klein raspeln und in eine Schüssel geben. Je kleiner die Stücke, desto schneller lösen sie sich in der Sahne auf. Wem das Zerkleinern zu lange dauert, kann auch auf fertige Schokodrops, Raspel oder Flocken zurückgreifen. Die Sahne zum Köcheln bringen und über die Schokolade gießen. So lange mit einem Schneebesen verrühren, bis eine gleichmäßige Masse entstanden ist. Die Ganache ist im Kühlschrank gut eine Woche haltbar.

→ Zum Übergießen: Langsam abkühlen lassen und direkt über den Kuchen gießen.

→ Zum Eindecken: für einen streichfähigen Überzug oder eine Füllung vollständig abkühlen lassen und mit dem Handrührgerät luftig aufschlagen.

♥ *Wenn die Ganache beim Überziehen der Torte „körnig" wird, trennen sich die Zuckerkristalle vom Fett und die Torte bekommt einen fettigen Film. Um das zu vermeiden, sollte die Ganache immer Zimmertemperatur haben und nicht direkt aus dem Kühlschrank kommen. Um die körnige Masse zu retten, gibt man einen Schuss Sahne hinzu und schlägt sie erneut auf.*

♥ *Für eine besondere Note der abgekühlten Masse einen Schuss Rum beimengen.*

# FRISCHKÄSE-SAHNE-CREME

*Eine Frischkäse-Sahne-Creme, auch Frosting genannt, ist eine wunderbare Alternative zur mächtigen Buttercreme und besonders im Sommer ein Hochgenuss. Sie ist leicht, lässt sich gut spritzen und kann mit Vanilleessenz, Aromen oder Früchten verfeinert werden.*

**Rezept für z. B. 12 Cupcakes:**

200 ml Sahne
2 Päckchen Sahnesteif
250 g Frischkäse Doppelrahmstufe
5 EL Puderzucker

Für das Frosting die Sahne mit einem Päckchen Sahnesteif steif schlagen. Den Frischkäse in einer separaten Schüssel kurz mit einem weiteren Päckchen Sahnesteif, Puderzucker und nach Belieben mit Aromen oder Konfitüre verrühren. Die Sahne nun vorsichtig unter die Frischkäsecreme heben und bei Bedarf mit Lebensmittelgelfarbe einfärben. Die Masse in einen Spritzbeutel mit Sterntülle füllen und bis zum Gebrauch, mindestens aber 15 Minuten, im Kühlschrank lagern.

# FONDANT

In diesem Backbuch verwenden wir Fondant für Dekorationen oder um Torten einzudecken. Fondant ist eine Zuckermasse, die auch als Rollfondant bezeichnet und von verschiedenen Herstellern gebrauchsfertig angeboten wird, denn ihn selbst herzustellen ist eine zeitaufwendige klebrige Angelegenheit. Ich bevorzuge den Fondant von FunCakes, da dieser nicht zu süß und gut zu verarbeiten ist. Es gibt Fondant in zahlreichen Farben. Bei kleinen Mengen empfiehlt es sich aber, weißen Fondant selbst einzufärben. Auch hier verwenden wir wieder Lebensmittelgelfarben (z. B. von Wilton), um die Konsistenz nicht zu beeinflussen. Bei kräftigen oder dunkleren Farbtönen wie Rot, Blau oder Schwarz empfiehlt es sich, den bereits gefärbten Fondant zu kaufen.

ANLEITUNG ZUM EINFÄRBEN:

❶. Die Fondantmasse gut durchkneten. Ist die Masse zu weich, kann sie mit Bäcker- oder Speisestärke vorsichtig nachgearbeitet werden. Ist die Masse zu trocken, hilft Kokosfett.

❷. Mit einem Zahnstocher die Lebensmittelgelfarbe auf den weißen Fondant auftragen.

❸. Die Farbe in den Fondant einkneten. Lebensmittelgelfarbe geht gut von den Händen ab und wer will, kann Einmalhandschuhe tragen.

Für eine tolle Marmoroptik können
auch zwei oder drei Fondantfarben miteinander
verknetet werden.

Da Fondant schnell austrocknet,
sollte er am besten in einen Tiefkühlbeutel
verpackt und in einer Box gelagert werden.

# ROYAL ICING

*Die hohe Kunst der Kuchen- und Keksdekoration ist ein Zauber für sich und blickt auf
eine lange Tradition zurück. Erstmals publik wurde sie in England zur Hochzeit von Queen Victoria
mit ihrem deutschen Prinzen Albert von Sachsen-Coburg und Gotha. Das Hochzeitsfest sollte
alles bisher Dagewesene übertreffen und die Hochzeitstorte opulenter denn je werden.*

*Die königlichen Zuckerbäcker haben daher die Torten mit feinen Details aus Royal Icing mit Blüten,
Ornamenten, Bändern und vielem mehr dekoriert. Damit die Glasur so schön elastisch wird, ist Eiweiß ein
wichtiger Bestandteil. Im Vergleich zum altbekannten Zuckerguss, der aus Wasser, Puderzucker und
einem Spritzer Zitronensaft besteht, ist Royal Icing – auch Eiweißspritzglasur genannt – formbarer.*

*Es lassen sich traumhafte Dekore auf Kekse, Torten und Cake-Pops spritzen,
Ornamente zaubern und süße Blüten formen. Das Geheimnis liegt dabei
im richtigen Verhältnis von flüssigem zu trockenem Anteil.*

BEIM ROYAL ICING WERDEN
ZWEI GRUNDKONSISTENZEN UNTERSCHIEDEN:

Zum Umranden der Kekse und für feine Dekore benötigt
man eine steife Konsistenz, ähnlich der von Zahnpasta.

Zum Ausfüllen der Kekse braucht man
eine flüssige Konsistenz, ähnlich der von Trinkjoghurt.

# ROYAL ICING

**Rezept für ca. 30 Kekse:**
500 g Puderzucker  ∗  2 EL Eiweißpulver oder 2 Eiweiß
6–8 EL kaltes Wasser (1 EL entspricht ca. 12 ml)

Den Puderzucker und das Eiweißpulver in eine Schüssel sieben und unter Beigabe von 6 vollen EL Wasser zu einer steifen Konsistenz verrühren.

Am Teigschaber entstehen nun kleine Zipfel aus Zuckerguss. An dieser Stelle könnte die Masse auch auf mehrere Schüsseln verteilt werden, um sie mit verschiedene Farben einzufärben.

Für eine flüssigere Konsistenz 1 ½–2 EL Wasser der steifen Konsistenz beimengen und verrühren. Die Masse sollte zum Schluss eine dickflüssige Konsistenz wie die von Joghurt oder Vanillesauce haben. Um dies zu testen, gibt es einen einfachen Trick: Mit dem Teigschaber eine Linie durch den Guss ziehen, diese sollte nach 3 Sekunden verschwunden sein. Wenn nicht, dann noch 1 EL Wasser hinzufügen.

Das Royal Icing nach diesem Rezept reicht für die ca. 30 Kekse nach dem Grundrezept für Keksteig (siehe Seite 26). Es kann nach Belieben halbiert oder verdoppelt werden. Für ganz kleine Mengen empfiehlt sich die Verwendung von Eiweißpulver, da sich dieses besser dosieren lässt.

MEINE BACKTIPPS

→ Wie schon erwähnt, spielt das Eiweiß beim Royal Icing eine zentrale Rolle. Aus hygienischen Gründen würde ich euch stets die Verwendung von Eiweißpulver oder einem fertigen Royal-Icing-Mix empfehlen, da das frische Eiweiß erst nach dem vollständigen Aushärten, das heißt nach ca. 8–12 Stunden, absolut bedenkenlos ist.

→ Je nach Geschmack kann der Wasseranteil auch mit Aromen wie Zitronensaft oder Rum ausgeglichen werden (z. B. 2 EL Wasser durch 2 EL Zitronensaft ersetzen).

→ Durch langes Rühren der flüssigen Glasur kann die Masse gestreckt werden, da sie sich wieder verdickt und erneut Wasser zugegeben werden muss. Aber Vorsicht, die Farben werden dadurch heller!

→ Wird die Glasur nicht sofort verwendet, kann sie 2–3 Tage im Kühlschrank aufbewahrt werden. Dafür sollte man sie in eine Schüssel füllen und mit Frischhaltefolie abdecken oder bereits in den Spritzbeutel oder die Spritzflasche füllen und gut verschließen. Falls sich das Eiweiß bei der Lagerung von Zucker und Farbe trennt, kann die Masse noch einmal verrührt werden. Eine Glasur mit frischem Eiweiß bitte noch am selben Tag verarbeiten.

# KEKSDESIGN

Um das Royal Icing aufzutragen, nimmt man je nach Konsistenz der Glasur entweder einen Spritzbeutel mit Lochtülle oder eine Spritzflasche. Zur Erinnerung: Wir verwenden für alle Rezepte in diesem Buch Spritzbeutel für die festere Glasur (Konturen) und Spritzflaschen für die flüssigere Glasur (Zum Ausfüllen).

→ Zum Einfüllen der festeren Glasur den Spritzbeutel an der Spitze je nach Tülle 1–2 cm abschneiden und die Tülle von innen durch den Beutel bis zur Spitze schieben. Den Spritzbeutel mit einer Hand von unten greifen, zur Hälfte auf links drehen und über die Hand (bzw. ein Gefäß) stülpen. Die Glasur einfüllen, den Beutel wieder hochklappen und mit einem Knoten luftdicht verschließen.

→ Die flüssigere Glasur in die Spritzflaschen füllen.

Das Dekorieren von Keksen ist reine Übungssache.
Hier die Grundtechnik (zum Rezept Seite 26):

❶. Den gefüllten Spritzbeutel so in die Hand nehmen, dass der kleine Finger an die Tülle angrenzt.

❷. Den unteren Teil des Beutels mehrfach eindrehen, bis ein wenig Glasur aus der Tülle kommt. So baut sich innerhalb des Beutels ein Druck auf, der wichtig ist, damit beim Dekorieren keine Kraft ausgeübt werden muss und immer gleichmäßig viel Zuckerguss austritt. Schießt zu viel Glasur aus der Tülle, die Drehung vorsichtig lockern.

❸. Mit dem Spritzbeutel am Keksrand eine feine Konturlinie ziehen. Der Trick dabei ist, die Tülle ca. 1 cm über dem Keks zu halten und beim Umranden nicht direkt auf der Oberfläche aufzusetzen, weil so die Linie wackelig und unförmig werden würde. Die Kontur 5 Minuten trocknen lassen und einstweilen die anderen Kekse umranden.

❹. Zum Ausfüllen der Kekse mit der Spritzflasche zuerst am Rand entlangfahren und dann die restliche Fläche ausfüllen.

❺. Es können kleine Lücken oder Löcher bleiben, die wir mit dem Zahnstocher schließen, indem wir mit ihm kleine Kreise ziehen, damit der Guss nicht von einer auf die andere Seite geschoben wird. Den Keks idealerweise über Nacht trocknen lassen. Ausnahme ist hier das Wet-on-Wet-Design. Diese Technik muss sofort nach dem Ausfüllen mit einer weitere „flüssigen Glasur" in einer anderen Farbe aufgetragen werden. Danach kann der Keks in Ruhe trocknen. Sobald die Oberfläche matt und leicht fest ist, können kleine Details aufgemalt werden.

## TIPP ZUR ORGANISATION:

Teilt euch die Arbeit ein, wenn ihr eine größere Anzahl an Keksen zum Beispiel als Gastgeschenke für eine Hochzeit dekorieren wollt. Am ersten Tag könnt ihr die Kekse backen, mit Royal Icing umranden und ausfüllen. Lasst die Kekse über Nacht trocknen und dekoriert sie am nächsten Tag mit Namen, Röschen, feinen Ornamenten usw. Wieder trocknen lassen und am dritten Tag in Zellophantütchen mit farbig passenden Schleifen verpacken.

Tolle Designideen für eure Kekse findet ihr hier im Buch in den einzelnen Themenkapiteln wie zum Beispiel „Unser Tag" und „Hello Baby!".

# SPRITZTECHNIKEN

Für die folgenden Spritztechniken verwendet ihr eine einfache Lochtülle #002. Malt euch zum Üben am besten eine Vorlage auf ein Blatt Backpapier oder paust die Beispiele ab.

BASIS:

❶. Für eine gerade Linie die Tülle am Blatt ansetzen, leicht drücken und weiter ziehen (leicht in der Luft halten), am Ende kurz antippen. Sollte ein dickerer Knödel entstehen, kann dieser mit einem Zahnstocher entfernt werden.

❷. Für einen kleinen Punkt die Tülle ca. 1 mm über dem Papier still halten. Kurz andrücken (je nach gewünschter Größe), den Druck lösen und die Hand seitlich wegziehen. Sollte ein Zipfel entstanden sein, kann dieser mit einem Zahnstocher oder weichen Pinsel begradigt werden.

❸. Für Kreise und Wellen den Spritzbeutel wie oben beschrieben ansetzen und die Drehung aus dem Handgelenk vorbereiten.

# 5

# TORTENKUNST

## EINE TORTE VORBEREITEN

❶. Tortenböden lassen sich besser schneiden, wenn sie am Tag vorher gebacken werden und somit vollständig ausgekühlt sind. Kalte Tortenböden krümeln weniger. Zum Zerteilen kann man ein langes Messer oder einen Tortenzerteiler verwenden. Da ich alles Einfache liebe, bevorzuge ich das Brotmesser. Damit alle Tortenböden gleich hoch werden, könnt ihr euch an vier Stellen mit Buttercreme oder Zahnstocher kleine Markierungen machen und euch daran orientieren. Sollte doch eine kleine Unebenheit dabei sein, diese einfach begradigen und die Überreste vernaschen.

❷. Als unterste Schicht sollte der stabilste Tortenboden verwendet werden, da er das Gewicht tragen muss. Dieser kann auch gleichzeitig der unförmigste sein, den schönsten hebt ihr euch als Deckel auf. Ich verwende gerne den ursprünglichen Boden aus der Backform als Deckel für die Torte, da dieser besonders glatt ist.

Zum Befüllen den Boden auf einen Drehteller legen. Mit einem Spritzbeutel oder einer Winkelpalette die Creme auftragen, glatt streichen, den nächsten Boden aufsetzen und so lange wiederholen, bis der letzte Tortenboden aufsitzt. Kleine Unebenheiten oder eine ungewollte Schräglage werden jetzt begradigt und ausgebessert.

❸. Bevor es an die Feinheiten geht, wird die Torte mit einem sogenannten „Crumb-Coat", einer Krümelschicht, überzogen, um die Kuchenkrümel einzubinden und die Oberfläche zu glätten. Dafür wird die Torte mit ca. ⅓ der Creme eingestrichen und für 15 Minuten gekühlt. Der Überzug soll glatt, aber nicht perfekt sein.

Und jetzt kommen wir auch schon zum Grand Finale: Der zweite und letzte Überzug soll perfekt werden. Hierfür die Creme zuerst auf der Oberseite verteilen und glatt streichen. Überreste können an den Seiten verstrichen werden. Dann die restliche Creme gleichmäßig am Tortenrand auftragen und alles mit einer Teigkarte glatt streichen. Mögliche Unebenheiten ganz zum Schluss mit einer Winkelpalette vorsichtig zur Tortenmitte hin verstreichen.

Die Torte bis zur weiteren Verarbeitung im Kühlschrank lagern.

MEINE BACKTIPPS

→ Die Böden kurz in den Kühlschrank legen, falls sie zu weich sind.
→ Lieber mehr Creme als notwendig auftragen, denn beim Glätten wird ohnehin viel abgenommen.
→ Die Teigkarte nach jeder Schicht reinigen.
→ Der Überzug wird noch glatter, wenn Winkelpalette und Teigkarte zwischendurch unter heißes Wasser gelegt werden. Beim Glätten können auch kleine Makel wegretuschiert werden.

# CREMEDEKORATIONEN

Um der Torte nach den vorherigen Schritten den letzten Pfiff zu geben, kann sie mit Mustern aufgehübscht werden. Diese können mit einer Winkelpalette als Spachtel- oder Spiralmuster oder als wahnsinnig schöne Dekors mit einem Spritzbeutel kreiert werden.

SPIRALMUSTER: Nach dem Glätten die Torte wieder auf dem Drehteller platzieren und die Winkelpalette schräg am unteren Rand ansetzen (die Torte darf nicht gekühlt sein!). Vorsichtig in die Creme drücken und dabei den Teller drehen.

SPACHTELMUSTER: Hier könnt ihr eurer Kreativität freien Lauf lassen. Hin und her, links und rechts. Einfach die Winkelpalette mit Enthusiasmus über die Creme gleiten lassen.

TUPFENMUSTER: Die Creme in einem Spritzbeutel mit einer großen Lochtülle vorbereiten und Tupfen aufspritzen. Mit einem Löffel, Messer oder der Winkelpalette mittig im Tupfen ansetzen und flach nach rechts wegziehen. Dies rund um die Torte wiederholen.

ROSETTEN: Passend zu Keksen und Cupcakes kann auch die Torte mit wundervollen Rosetten dekoriert werden. Die Creme im Spritzbeutel mit Tülle #2D vorbereiten. Am unteren Rand mit der ersten Rosette beginnen. Hierfür ca. 3 cm über dem Rand ansetzen und zweimal im Kreis umspritzen. Für diese Dekoration kann ein traumhafter Ombré-Look in verschiedenen Farben designt werden.

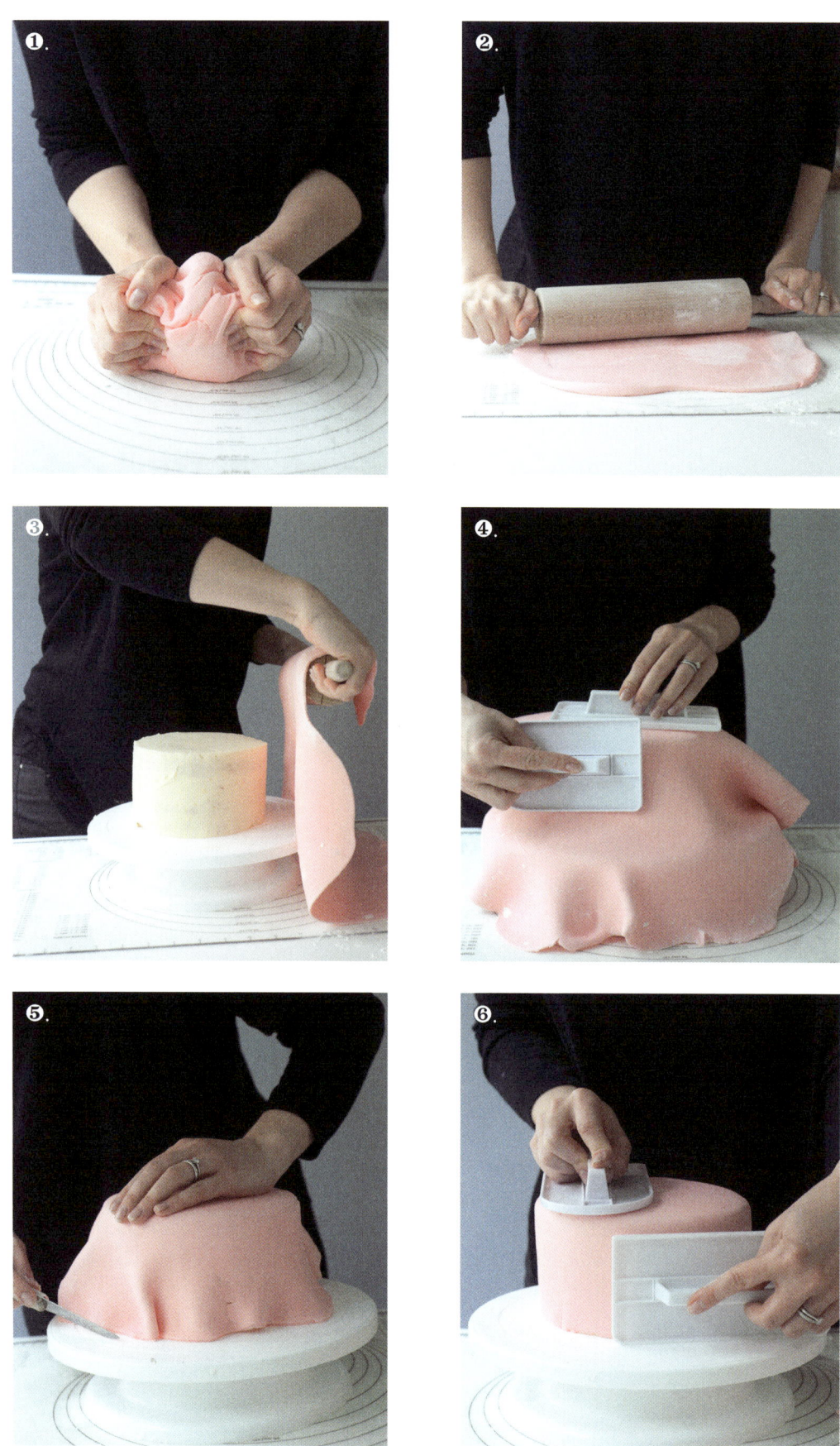

# EINE TORTE MIT FONDANT VERKLEIDEN

Der Fondant, mit dem wir die Torte umhüllen, ist wie ein hübscher Mantel,
in den wir uns kuscheln. Ob Fondant jedermann schmeckt, sei dahingestellt, hübsch
aussehen tut er in jedem Fall und wer ihn nicht mag, lässt ihn einfach liegen. Nachdem
wir die Torte im vorherigen Kapitel vorbereitet haben, können wir uns nun die
Arbeitsfläche für den Rollfondant vorbereiten.

❶. Den Fondant auf einer Backmatte gut durchkneten.

❷. Die Backmatte mit Stärke bestäuben. Damit der Fondant exakt passt,
ermitteln wir die Größe der Torte, indem wir sie (evtl. mithilfe einer Schnur) abmessen
(2 x Höhe, 1 x Durchmesser) und danach den Fondant dementsprechend
(plus 10 cm Zugabe) mit einem Rollstab (Nudelholz oder Fondantroller)
ca. 3–5 mm dick ausrollen.

❸. Die Fondantdecke über ein Nudelholz rollen und vorsichtig mittig auf die Torte legen.

❹. Mit dem Fondantglätter von der Mitte nach außen hin die Oberfläche
glatt streichen. Bei Falten oder Blasen den Fondant immer wieder
anheben und glatt streichen.

❺. Für das perfekte Finish mit dem Messer den Überstand entfernen.
Solange keine Creme dranhängt, kann dieser wieder verwendet werden.

❻. Zum Schluss mit dem Glätter rundherum streichen.
Vorsichtig mit Fingerabdrücken!
Wer sichergehen will, verwendet zwei Fondantglätter.

### HILFE:
Wenn sich Luftblasen bilden, können diese mit einer Stecknadel aufgestochen
und dann mit dem Glätter vorsichtig ausgestrichen werden.

### FONDANTMENGEN FÜR RUNDE, HOHE TORTEN:

| 15 cm | 18 cm | 20 cm | 25 cm | 28 cm | 30 cm |
|-------|-------|-------|-------|-------|-------|
| 500 g | 650 g | 800 g | 1000 g | 1200 g | 1300 g |

# ❻

# CUPCAKE-KREATIONEN

Die kleinen Tassenküchlein mit Cremehaube sind ein Gedicht. Mit einfachen Methoden lassen sich traumhafte Toppings spritzen. Bevor wir aber an die leckeren Cremes denken können, ist es wichtig, den perfekten Cupcake aus dem Backofen zu holen. Zwar werden die Cupcakes in einem Muffinblech gebacken, sehen aber trotzdem anders aus. Während ein Muffin gerne sehr hoch, aufgerissen und einfach lecker aussehen darf, wollen wir beim Cupcake eine elegante, leicht gewölbte Oberfläche, die dem Topping nicht die Show stiehlt.

Ein Muffin besteht üblicherweise aus einem Teig mit Blaubeeren, Schokodrops, Nussstücken, Obstflocken usw., ein Cupcake lässt sich durch einen einfachen Teig und sein kunstvolles Topping klassifizieren. Diese Unterschiede spiegeln sich auch in den Rezepten wider. Während ein Muffin mit mehr Backpulver und höheren Temperaturen gebacken wird, achten wir beim Cupcake auf einen langsamen Backprozess und ersetzen das Backpulver zu einem Teil durch Natron.

Im Nachfolgenden zeige ich euch verschiedene einfache Designs für eure Cupcakes.

BACKTIPPS FÜR CUPCAKES:

→ Ober-/Unterhitze anstelle von Umluft

→ Längere Backzeit und dafür geringere Temperatur

→ Reiskörner im Backblech sorgen dafür,
dass Papierförmchen nicht durchfetten.

→ Die Cupcakes im Backblech auskühlen lassen,
damit sich beim Herausnehmen nicht die Papierförmchen lösen.

→ Die Rezeptangaben für zwölf Cupcakes sind gleich wie
für 24 Mini-Cupcakes, lediglich die Backzeit verkürzt sich.

# SPRITZTÜLLEN UND DEKOTECHNIKEN

**#1M**

das kleine Wunderkind, für den klassischen Cupcake Swirl oder Blüten

**#2D**

samtig weich lässt
diese Tülle die
Rose wirken

**#104**

verwandelt den
Cupcake in ein
mehrblättriges Röschen,
in wilde Wellen,
Schleifchen oder einen
lustigen Kreisel

**111-L**

mit den Russian Piping
Tips lassen sich Blüten in
Sekunden aufspritzen,
mit der Tülle #366
können grüne Blätter
ergänzt werden

# CAKE-TOPPER

Tolle Caketopper machen extravagante Torten und Cupcakes zu süßen Botschaftern:
Dazu das passende Wort zu eurem Anlass mit Pauspapier abpausen
und auf ein Stück Pappe übertragen. Mit einem Cuttermesser ausschneiden
(die Innenflächen nicht vergessen!). Danach ist eurer Fantasie keine Grenze gesetzt:
Entweder mit Sprühkleber einsprühen und mit Glitzerstaub bestreuen oder mit goldener
Sprühfarbe einen gleichmäßigen Goldton erzeugen. Zum Schluss mit einem kleinen Stück
Maskingtape ein Stäbchen befestigen und eure Botschaft auf den Kuchen stecken.

helloBaby

love

# REGISTER

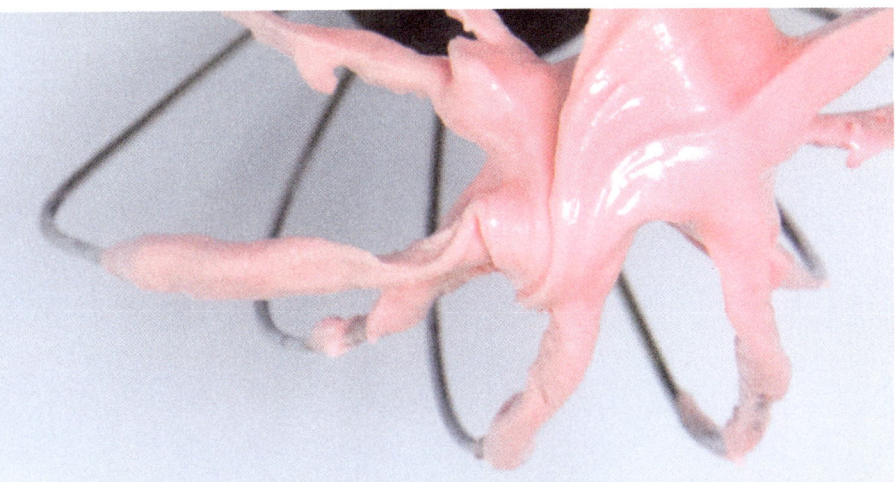

# DANKE

Als ich vor vielen Jahren mit dem Backen begonnen habe, hätte ich nicht gewagt, daran zu denken, einmal mein eigenes Backbuch in Händen zu halten. Es waren die der großen internationalen Kochstars, die sich in den Buchhandlungen aneinanderreihten. In genau diesem Regal nun mein eigenes Buch zu entdecken, erfüllt mich mit sehr großem Stolz. Es zeigt einmal mehr, wie sehr es sich lohnt, an seine Träume zu glauben und dafür zu kämpfen. Mit meinem Unternehmen MEIN KEKSDESIGN habe ich den ersten Schritt in diese Richtung getan. Mein Buch „Tortenkunst & Keksdesign" setzt diesem nun die Krone auf, denn in jedem meiner Rezepte stecken 100 g Liebe, ein großer Schuss Optimismus, eine Prise Lebensfreunde und ein Esslöffel Euphorie.

Wohlwissend, dass ich ohne die Unterstützung einiger wichtiger Personen vielleicht nicht da stehen würde, wo ich jetzt bin, ist es an der Zeit, dieses Buch genau diesen lieben Menschen zu widmen. Meinem Mann, meiner Mami und meinem Neffen für das unermüdliche Testen von Keksen und Ausschlecken der Schüsseln. Meiner Agentin, mit der ich diese wunderbare Idee zum Leben erwecken konnte, und meinem Verlag für die kreative Freiheit und das Vertrauen. Die unfassbar vielen Stunden, die ich mit dem Styling und Fotografieren meiner süßen Kreationen verbracht habe, werde ich sehr vermissen. Danke an alle, die mir dieses Herzensprojekt ermöglicht haben.

# BEZUGSQUELLEN

Alle Produkte, die ich in diesem Buch verwendet habe, wurden bereits über Monate hinweg von meinen Kursteilnehmern für euch getestet – von Backzutaten wie Fondant, Eiweißpulver, Lebensmittelgelfarben und Zuckerperlen, bis hin zu Backzubehör wie Spritztüllen, Papierförmchen, Fondantglättern, Blütenausstechern, Silikonformen, Fondantrollern, Keksausstechern und vielem mehr. Die Handhabung und Pflege dieser Produkte ist wirklich einfach.

Alle diese Produkte findet ihr in meinem Onlineshop MEIN KEKSDESIGN.

Besucht mich online unter www.meinkeksdesign.de

IMPRESSUM

© 2017 Neuer Umschau Buchverlag GmbH, Neustadt an der Weinstraße

TEXT UND FOTOGRAFIE
Stephanie Juliette Rinner, München

REDAKTION
Corinna Nikolaus, Neustadt an der Weinstraße

LEKTORAT
Hanne Henninger, Würzburg

GESTALTUNG & SATZ/ART DIREKTION
Tina Defaux, Neustadt an der Weinstraße

SATZ
Simone Herberger, Ruppertsberg

BILDBEARBEITUNG
Kaisers Ideenreich, Roth unter Rietburg

DRUCK
Nino, Neustadt an der Weinstraße

Printed in Germany
ISBN 978-3-86528-847-9

Besuchen Sie uns im Internet
www.umschau-buchverlag.de